주님이 사랑하는 것을
사랑하고 싶었다

특별히 ＿＿＿＿＿＿＿＿ 님께

이 소중한 책을 드립니다.

주님이 ──
사랑하는 것을
── 사랑하고 싶었다

한국이나 북한 국적이 아닌 재일 조선인 선교 간증

고정희 선교사 지음

나침반

주님과 함께 설레는 인생을 살 수 있다

주님이 주시는 마음 따라 한 발 한 발 내디뎠다.
주님이 사랑하는 것을 사랑하고 싶었다.
물이 포도주로 바뀌는 기적을 본 사람은
가장 낮은 곳에서 작은 자로 있던 하인들이었다.
하인들의 기쁨은 무엇과도 바꿀 수 없었을 것이다.
그런 기쁨을 아는 자는
주님과 함께 설레는 인생을 살 수 있다.

사람들은 이 말씀을 듣고 "하나님의 일을 위해서 우리는 무엇을 해야 합니까?"라고 물었다.

예수께서는 "하나님께서 보내신 사람을 믿는 것이 곧 하나님의 일을 하는 것이다"(요한복음 6장 28-29절)라고 대답하셨다.

'하나님의 일을 하고 싶습니다. 하나님이 보내신 이를 정말 만나고 싶습니다. 예수님의 마음을 더 잘 알고 싶습니다.

예수님을 더 사랑하고 싶습니다.'

"나는 포도나무요 너희는 가지라 그가 내 안에, 내가 그 안에 거하면

사람이 열매를 많이 맺나니 나를 떠나서는 너희가 아무것도 할 수 없음이라" - 요한복음 15장 5절

가지와 나무는 꼭 붙어있다. 그리고 나도 주님에게 꼭 붙어 있다. 그러다 보니 그분의 마음을 알게 되고 그분이 원하는 일을 함께하고 싶어졌다.

내가 좋아하는 일을 바쁘게 하면서 주님이 좋아하시는 줄 알고 열심히 했던 것들이 얼마나 많은가.

주님 옆에 앉아 오직 주님 한 분으로 만족하는 마리아의 마음을 갖고 싶다고 기도했다.

'주님 당신이면 충분합니다!'

마태복음을 읽다가 운 적이 있다.

한국어로 1절, 아직 서툰 일본어로 1절 읽다 보니 한 장을 읽는데 꽤 시간이 걸렸다. 며칠을 예수님과 함께 먹고, 함께 다녔다.

나와 늘 함께하시던 예수님이 십자가에 달려 죽으셨다.

'예수님이 죽었어……'

정말 늘 함께하던 친구, 연인 같은 예수님을 다시는 못 본다는 생각에 엉엉 울었다. 계속 울고 있던 내게 남편은 말했다.

"빨리 더 읽어. 예수님이 다시 살아나셔."

주일학교 때부터 예수님의 십자가 죽음에 대해 얼마나 많이

들었고 읽었는데 이런 은혜는 처음이었다.

그 후 예수님은 정말 친한 친구가 되었고 연인이 되었다.
주님과 사귀면서 같이 걸었다.
한참을 걷다 보니 주님이 사랑하는 것을 보여주셨다.
그리고 자꾸 말씀하신다.
'내가 그들을 사랑한다.'
너무 사랑하시어 그 땅이 빛으로 가득한데 보는 이가 없다.
"이스라엘 하나님의 영광이 동쪽에서부터 오는데 하나님의 음성이
많은 물소리 같고 땅은 그 영광으로 말미암아 빛나니" - 에스겔 43장
2절

70년이 넘도록 따뜻한 말 한마디 받지 못하고 없는 자로, 약
자로 살아온 이들!
그들의 약함과 외로움과 상처를 조금이라도 더 이해하고 느
낄 수 있도록 우리 부부를 지난 십 년간 일본 땅에서 그들과 함
께 외롭게 하셨던 주님!
이 모든 것이 소망과 감사가 되는 것은 우리 부부에게 주신
주님의 특별하고도 진한 은혜임을 깨달았다.
"모든 성도 중에 지극히 작은 자보다 더 작은 나에게 이 은혜를 주신
것은 측량할 수 없는 그리스도의 풍성함을 이방인에게 전하게 하시
고 영원부터 만물을 창조하신 하나님 속에 감추어졌던 비밀의 경륜
이 어떠한 것을 드러내게 하려 하심이라" - 에베소서 3장 8-9절

그들과 살면서 이런 생각이 들었다.

'그들이 일본으로부터 아직 독립을 못했구나!'

나는 유관순 열사와 같은 독립운동가는 아니다.

그런데 자꾸 그들을 독립시키고 싶다.

"예수께서 대답하시되 진실로 진실로 너희에게 이르노니 죄를 범하는 자마다 죄의 종이라 종은 영원히 집에 거하지 못하되 아들은 영원히 거하나니 그러므로 아들이 너희를 자유롭게 하면 너희가 참으로 자유로우리라"- 요한복음 8장 34-36절

일본 복음화를 기도하며

고정희

차례

※ 일러두기

어휘나 표현은 대한민국에서 통용되는 기준에 맞추었습니다.
성경구절은 '개역개정 성경'에서 인용하였습니다.

1부

사랑의 노래

어디로 가고 계시나요?

"너희는 강하고 담대하라 두려워하지 말라 그들 앞에서 떨지 말라 이는 네 하나님 여호와 그가 너와 함께 가시며 결코 너를 떠나지 아니하시며 버리지 아니하실 것임이라 하고" - 신명기 31장 6절

2015년 12월 8일, 오사카 타츠미로 사역지를 옮겼다.

나고야 토요타에서 아침 일찍 이삿짐을 트럭에 실어 보냈다. 남편 이성로 목사와 나는 기차로 이동해야 했다.

오사카는 컸고 복잡했다. 쯔루하시역에서 집을 찾아가자니 너무나 어려웠다. 여태껏 작은 도시 토요타에서만 살아왔던 우리로서는 어떤 전철을 타야 할지 알 수 없었다.

수 갈래 전철 길 위에서 우리는 서성이고 있었다.

"이마 도꼬니 이끼마스까?(지금 어디로 가시나요?)"

40대 후반으로 보이는 여성분이 일본어로 먼저 물었다.

집 주소가 적힌 쪽지를 보여주면서 말했다.

"타츠미라고 해요. 집 앞에는 조선학교가 있어요. 히가시 오사카 조선중급학교…"

"혹시 나고야 토요타시에서 이사 오시는 이성로 목사님, 고정희 사모님이신가요?"

갑자기 북한식 억양의 한국말로 묻기에 깜짝 놀랐다. 아니 가슴이 철렁했다.

'어떻게 우리 이름까지 알 수 있을까?'

"그 학교를 잘 압니다. 제가 그 학교 졸업생입니다. 함께 가자요!"

오사카 길 위에서 처음 만난 그 여성분은 재일조선인이었다. (재일조선인은 한국 국적도, 북한 국적도 가지고 있지 않은 분들이다 - 편집자) '조선학교를 사랑하는 어느 목사 부부가 오사카로 간다'는 소식을 일본 전역에 있는 조선인들만의 소셜네트워크에서 알게 되었고, 쯔루하시역에서 헤매고 있던 우리의 대화를 지나가다가 우연히 듣고는 먼저 말을 걸었다고 했다.

'오사카에 계신 조선인 여러분들! 토요타시에서 우리들을 도와주시고 사랑해주셨던 이성로 목사님 부부가 12월 8일 오사카로 이사를 갑니다. 우리 아이들과 우리 동포들을 위해서 가시는 것이니 많이들 도와주십시오.'

토요타에서 교제했던 상자 씨가 올린 글이었다.

쓰루하시로부터 타츠미까지 짧지 않은 길을 동행해 준 그분으로부터 전국에 있는 그들이 한 가족처럼 연결되어 있음을 듣게 되었다.

처음에는 우리가 그들의 삶에 들어간다고 생각했다. 그런데 한편으로는 그분들이 우리 가족에게 치밀한 계획을 세워 개입하는 것은 아닌지 두려움이 찾아왔다.

오사카 집에 도착했다. 일본의 집은 춥다. 더군다나 원래 교회 건물이다 보니 훨씬 추웠다. 석유난로를 피웠지만 별 소용이 없었다. 오랫동안 사용하지 않던 공간이어서 치우고 정리하고 새로 꾸며야 했다.

기존에 버려진 짐들을 모두 처분하고 지저분한 벽지를 뜯어내고 새로 도배를 했다. 하얀 천을 사다가 손바느질을 해서 커튼도 달았다.

언젠가 그들이 이 집에 와서 함께 식사하고 대화하고 예배드릴 수 있기를 기도했다.

태풍

"바람을 자기 사신으로 삼으시고 불꽃으로 자기 사역자를 삼으시며"
- 시편 104편 4절

2013년 7월의 일이다. 태풍이 일본 전역을 강타했다. 우리가 살고 있던 아이치현 토요타도 피할 수 없었다.

태풍이 어찌나 강했던지 교회의 유리창들이 깨지는 바람에 목회자 사무실에 앉아서 집무를 보던 남편이 다칠 뻔했다.

우리 가족이 일본 선교를 시작한 지 2년쯤 되던 시기였다. 당시 나는 작은 식당에서 아르바이트를 하고 있었다.

"토요하시에 선교팀이 왔는데 하룻밤 재워주실 수 있으세요?"

한 시간쯤 떨어진 지역에 계신 목사님으로부터 다급하게 연락이 왔다.

태풍으로 인해 나고야 공항에 이착륙하는 모든 비행기들의 일정이 뒤틀리는 바람에 열 명쯤 되는 단기선교팀이 타고 돌아갈 비행기도 하루 연기가 되었으니 하룻밤 재운 후 버스를 태워 아침 일찍 보내달라는 부탁이었다.

당시 우리 가족의 외로움은 이루 말할 수 없었다. 지난 2년간 우리를 찾아온 사람은 아무도 없었다. 심지어 우리 친지들도 오지 않았다. 세상 어느 누구도 우리가 일본에 있는지 모르는 느낌이었다.

사람에 대한 그리움이 깊었으니 그들은 태풍이 가져다준 선물과도 같았다.

식당 아르바이트를 마칠 시간에 남편이 교회 차량으로 나를 데리러 왔다.

"선교팀은 어떤 분들이에요?"

차 안에서 물었다.

"조금 특이하긴 한데 마음이 좋아. 고생을 많이 한 것 같아. 맛있는 식사를 대접해 주면 좋을 것 같아."

교회로 향하는 차 안에서 알 수 없는 눈물이 계속 흘러내렸다. 사람들이 찾아와서 좋은 마음 그 이상의 무언가가 느껴졌다. 목사님 부부와 청년들을 포함해 모두 아홉 명이었다. 빠르게 일본 카레를 만들어 대접했다.

처음에는 금식 중이라며 먹지 않겠다고 극구 사양했지만 준비한 요리를 보더니 팀원 모두가 정말 맛있게 먹었다. 나중에 들으니 "갑작스럽게 신세를 지게 된 것이 미안해 금식이라고 말했다"고 했다.

식사를 마친 후 늦은 밤까지 교제의 시간을 가졌다. 특별히 이스라엘을 품고 기도하는 사역에 관해 들었다. 남편과 나는 단 한 번도 관심을 가져본 적이 없는 주제였다.

"이성로 목사님, 고정희 사모님, 혹시 북한의 영혼들에게 관심이 있으십니까?"

엉뚱한 질문이었다. 일본 사람을 위해 와 있고 우리의 기도와 관심은 오로지 일본 영혼들에게 있는데….

"북한이요? 생각해 본 적이 없네요."

우리는 웃으며 대답했다.

태풍으로 만나게 된 선교팀을 공항에 바래다 주기 전 교회 앞에서 사진을 찍었다.

다음 날 아침, 우리는 귀한 손님들을 버스로 보내지 않고 교회 승합차로 직접 공항까지 바래다 드렸다. 그 만남 이후 자꾸만 '북한의 영혼'이라는 단어가 묵상되었다.

첫 만남

"우리가 알거니와 하나님을 사랑하는 자 곧 그의 뜻대로 부르심을 입은 자들에게는 모든 것이 합력하여 선을 이루느니라" - 로마서 8장 28절

2014년 2월, 태풍으로 만난 선교팀이 정식으로 우리 교회를 찾아왔다. 우리에게는 선교를 시작한 이래 첫 번째 아웃리치팀이었다.

선교팀은 토요하시에 있는 우리학교를 방문하기 위해서 왔

다. 전교생이 여덟 명에 불과한 작은 학교인데, 초급부(초등학교)를 졸업하는 두 명의 학생을 축복해 주고 싶다는 선교팀은 우리 부부가 동행하기를 원했다.

토요하시 우리학교에 가기 전, 신시로 교회에 들러 예배를 드렸다. 한적한 시골에 위치했지만 일본에서는 보기 드물게 큰 교회였다.

토요하시 신시로 교회 전경 사진

일제 강점기 시대에 일본에 간 조선인들이 살던 땅에 세워진 교회라고 한다. 담임 타키모토 준 목사님은 분단된 한반도에 늘 빚진 마음이 있다고 했다. 그래서 일본교회이지만 가까이에 있는 토요하시 조선학교를 위해 중보기도를 하며 도움을 주고 있다고 한다. 훗날 우리 부부가 그들을 섬기기 위해 오사카로 간다고 했을 때 기뻐하시며 축복기도를 해주셨다.

그날, 신시로 교회에서는 성찬식을 거행했다. 그 곳의 표현으로는 일본인, 한국인, 조선인 성도들이 함께 참여하는데 느낌이 특별했다.

예배를 드린 후 토요하시 조선학교에 찾아갔다. 조선 국적 사람들, 조선학교에 대해 전혀 몰랐던 남편과 나는 두려운 마음이 들었지만 좋은 일을 한다는 마음으로 함께 가게 되었다.

　신시로 교회에서 불과 5분 정도 떨어진 시골에 있는 작은 초등학교였다. 한국말과 같으면서도 확연히 다른 조선말을 사용하는 아이들과 치마저고리를 입은 선생님들이 있었다.

　"세상에나… 이런 학교가 다 있구나!"

　남편과 나는 마냥 신기하기만 했다. 타임머신을 타고 잠시 다른 세계로 온 듯한 느낌이었다.

　"안녕하십니까?"

　"이렇게 와주셔서 고맙습니다."

　그들은 모두 맑고 명랑한 목소리로 우리를 맞아주었다. 까맣게 그을린 아이들의 얼굴은 밝았다.

　아이들을 위한 장학금은 현지 목사님이 주면 좋겠다고 선교팀이 제안하였다. 동행한 이성로 목사님이 얼떨결에 장학금을 수여했다. 남자 아이 한 명, 여자 아이 한 명, 이렇게 두 명을 위한 졸업식에서 의미 깊은 선물을 전달하는 기쁨을 누렸다. 그 또한 하나님의 오묘한 섭리였음을 나중에서야 알게 되었다. 신실하신 주님은 지혜가 많으시다.

　"정말 우리학교를 품으셨군요. 많은 분들에게 권했지만 모두들 거절하셨거든요."

　태풍으로 만난 목사님은 몇 년 후에 다시 만났을 때 깜짝 놀라며 말씀하셨다.

김치찌개

"하나님이 모든 것을 지으시되 때를 따라 아름답게 하셨고 또 사람들에게는 영원을 사모하는 마음을 주셨느니라 그러나 하나님이 하시는 일의 시종을 사람으로 측량할 수 없게 하셨도다" - 전도서 3장 11절

"여보, 오늘 저녁은 김치찌개가 먹고 싶어."

꽃샘추위로 한참 싸늘했던 2014년 3월 어느 날, 일본 전통 시장을 같이 거닐던 남편이 말을 건넸다. 우리 부부는 가격도 저렴하고 보는 재미도 있는 한국의 재래시장 같은 그곳에 종종 가곤 한다.

추운 날 저녁에 "오늘 저녁은 뭘 먹을까"에 대해 대화를 하는데 70대로 보이는 할머니가 우리에게 다가오더니 일본어로 조심스럽게 말을 걸었다.

"저기… 한국인이신가요? 제가 한국어에 관심이 많아서 배우고 싶은데 가르쳐 주실 수 있으세요?"

"물론이죠. 우리는 교회의 목사와 사모랍니다. 그래도 괜찮으시다면 전화번호를 주세요. 연락을 드리겠습니다"

남편은 흔쾌히 수락했고 할머니의 연락처를 받았다. 그리고 '한국어를 가르치면서 일본 할머니를 전도할 수 있지 않을까?'라고 생각했다.

한류 열풍으로 한국어 공부가 붐을 이룰 때였으니 한국인이 거의 살지 않는 토요타에서 한국말로 대화하며 다니는 우리 부

부가 반가워서 얼른 다가오신 것 같았다.

연락처를 받긴 했지만 할머니에게 다시 연락드리는 것이 쉽지 않았다. 2주쯤 흘렀을까. 책상 위에 있던 연락처를 물끄러미 바라보던 아들이 말을 꺼냈다.

"아빠, 이 할머니한테 연락드렸어요?"

그날 저녁 우리는 김치찌개를 먹으며 시장에서 있었던 이야기를 했는데 아이들은 인상 깊게 기억하고 있었다.

아이들 앞에서 조금 부끄러운 마음이 들었고, 주님 앞에서도 죄송한 마음이 들었다. 어쩌면 아들의 입을 통해 주님이 명령하신 것은 아닌지 싶었다. 이성로 목사님은 할머니께 바로 전화를 했다.

"할머니 안녕하세요? 얼마 전에 시장에서 만났던 한국 목사입니다."

"기다렸습니다. 오늘 시간이 되는데 어떠세요?"

"네. 좋습니다. 오후 2시에 만날까요?"

"제 언니가 있는데 언니도 한국어를 좋아해요. 함께 가도 될까요?"

"당연히 좋지요. 같이 뵙겠습니다."

생각보다 너무나 쉽고 간단하게 만남이 성사되었다. 주님께서 전도의 문을 열어주시는 듯해 감사한 마음으로 나갔다.

약속했던 카페에 먼저 도착한 우리 부부는 출입문을 지켜보며 할머니를 기다렸다. 잠시 후, 카페의 문이 열렸다. 시장에서 만난 할머니가 언니로 보이는 할머니와 같이 들어오셨다. 그런데 어디서 낯이 익은 어린 여자아이와 함께였다.

그 아이는 남편을 보자마자 놀라면서 조선말로 말했다.

"할머니, 나 졸업할 때 장학금을 주신 선생님이에요!"

"보람아! 너 어떻게 여기 온 거야?"

이성로 목사님도 깜짝 놀라 말했다.

보람이는 언니 할머니의 친손녀로 "토요하시에 사는데 봄방학이 되어 할머니 집에 놀러왔다"고 했다.

첫 조선학교 방문에서 만났던 아이와 시장에서 우연히 만난 할머니가 이렇게 연결되어 있다니, 우리는 어안이 벙벙했다. 이성로 목사님이 자신들의 어린 손녀에게 장학금을 주었던 선생님이었으니… 두 분 할머니와의 만남은 처음부터 참 따뜻한 인연이었다.

짧은 순간 나는 생각했다.

'졸업식 때 다른 분이 장학금을 건네주었으면 보람이는 지금의 우리를 기억할 수 있었을까?'

이처럼 주님의 일하심은 참으로 경이롭다.

초대

"내가 네게 명령한 것이 아니냐 강하고 담대하라 두려워하지 말며 놀라지 말라 네가 어디로 가든지 네 하나님 여호와가 너와 함께 하느니라 하시니라" - 여호수아 1장 9절

할머니들은 생각보다 우리말을 너무 잘해서 놀라웠다. "토요타 지역은 한국 사람 보기가 쉽지 않다 보니 그날 시장에서 갑자기 들려온 한국말소리가 너무 반가웠다"라고 말씀하셨다. 또 "TV에서만 보던 한국 사람을 직접 만나 대화하고 싶었다"라며 밝게 웃으셨다.

언니 할머니는 "손녀 보람이에게 장학금을 줘서 진심으로 고맙다"라고 하시며 그날 저녁 식사에 초대해 주셨다. 예의를 갖춰 수락했지만 집으로 돌아와 잠시 쉬는데 마음에 두려움이 찾아왔다. '정말 가도 될까?'하는 걱정이 계속되었다.

무엇을 해야 할지? 어디로 가야 할지? 불확실할 때는 '오직 믿음'만이 정답이다. 믿음을 갖고 할머니의 집으로 찾아갔다. 토요타 시내에 있는 2층 단독주택이었다.

나는 그날 거실에 들어섰던 그 순간을 결코 잊을 수가 없다. 말 그대로 상다리가 휘어질 정도로 잔칫상이 가득 차려져 있었다. 미역국, 잡채, 불고기, 나물 반찬 등. 상 위에는 여러 가지의 우리 민족 음식들이 가득했다. 그리고 대략 30명은 충분히 되

는 가족 친지들이 모여 있었다. 한국 손님들이 온다고 해서 할머니의 가족, 언니 할머니의 가족, 아들, 며느리, 딸, 사위, 손자들까지 모두 모였다고 했다. 집 안에는 조선신보 같은 언론지들이 놓여 있었다.

그런데 이때부터 큰 두려움이 몰려왔다. 뭔가 잘못되어도 한참 잘못된 것 같았다. 정체를 알 수 없는 어떤 무리들의 음모에 휘말려든 것 같은 느낌이었다.

어찌나 무서웠는지 대접해 주신 음식의 맛을 하나도 느낄 수가 없었다. 훗날 그때의 기억을 더듬어 보려고 사진을 찾았는데 한 장도 없었다. 아마도 두려운 마음에 감히 사진 한 장도 찍지 못했던 것 같다.

'주님, 도대체 무슨 상황인지요?

저는 이해할 수 없습니다.'

시간이 흐르고 그때의 기억을 더듬어 보니 그들은 모두 한결같이 친절하고 밝았다. 한국 사람들의 삶과 문화에 대해 궁금했던지 우리에게 이것저것 물었다. 특별히 한국말에 대해 궁금한 것이 많은 것 같았다. 그분들이 쓰는 표현하고 무엇이 같고, 무엇이 다른지 알고 싶어 했다. 한국 드라마에서 보았던 장면들, 들었던 대화들을 우리 부부를 통해 다시 확인하게 되니 신기한 듯 보였다.

식사 교제를 마치고 집에서 나오는데 그 많은 가족이 우르르 몰려나와 우리를 환송해 주었다. 꼭 명절에 고향집에 갔다가 돌아가는 느낌이었다. 할머니께서는 직접 만드셨다며 쑥으로 만든 인절미를 선물로 주셨다. 일본에서는 쑥을 잘 안 먹기 때문에 귀한 떡이다.

'아! 우리는 쑥떡을 먹는 같은 민족이었구나!'

한민족 한국인을 그리워하던 가족들이었을 뿐인데…, 단지 맛있는 밥을 같이 먹고 같이 웃으며 같이 놀고 싶어서 우리를 초대했을 뿐인데…, 시간이 지난 후 생각해 보니 조금 더 웃고 편하게 누리지 못한 게 아쉬웠다.

그래도 그날은 긴장을 많이 했던 게 사실이다. 차를 타고 집으로 돌아오는 내내 나는 몇 번이나 뒤를 돌아보며 혹시 누가 따라오지는 않는지 확인할 정도였다. 밤늦게 집에 도착한 후에도 여전히 남아있는 두려움 저편으로 주님께서 새로운 일을 행하실 것 같은 설렘이 슬며시 찾아왔다.

손상자

"친구는 사랑이 끊어지지 아니하고 형제는 위급한 때를 위하여 났느니라" - 잠언 17장 17절

같은 해 4월, 새 학기가 시작되었다. 아침에 아이들을 학교에

보내고 묵상을 하며 베란다 바깥으로 사쿠라(벚꽃)들을 한참 동안 바라봤다. 너무나 예뻤다. 꽃잎의 절반 정도는 떨어져 있었음에도 한 폭의 아름다운 그림 같았다.

'주님, 사쿠라가 참 예쁘네요. 같이 볼 수 있는 친구가 있으면 얼마나 좋을까요?'

할머니 가족과의 만남 후 그분들 생각이 머릿속을 떠나지 않았다. 일본 속에 다른 세상이 있는 것 같았다. 아주 특별한 꿈을 꾼 것 같은 느낌이 자꾸 들었다.

어느 날 한 통의 전화가 걸려왔다. 발신자 이름은 '손상자'.

할머니 집에서 우리와 나이가 비슷한 딸들, 며느리들과 다음 만남을 기약하며 연락처를 주고받았다. 상자 씨는 그날 만난 할머니의 며느리였다.

"상자 씨? 너무 반가워요. 잘 지냈어요?"

"정희 씨, 아니 정희 언니라고 불러도 되죠?"

나보다 한 살이 적은 그녀는 처음부터 내게 살갑게 대했다.

"그럼요. 너무 좋아요."

"언니, 우리 또 만나자요. 함께 식사하고 커피 마시며 이야기하자요."

상자 씨는 우리학교에서 붓글씨를 가르치는 선생님이다. 주중에 수업이 없는 날 시내의 '샤인제리아'에서 만나기로 약속을 했다. '샤인제리아'는 일본 전역에 자리한 이탈리안 레스토랑 체인으로 가격이 저렴하면서도 커피나 음료를 얼마든지 마실 수 있어 길게 수다를 떠는 우리에게는 가장 알맞은 장소였다.

한국 드라마를 좋아해서 매일 본다는 상자 씨는 본인이 쓰는 말은 북한식 억양의 조선말이라 "늘 한국어 표현이 궁금했다"라며 더 배우고 싶어 했다.

처음 만남을 가졌을 때는 한국 드라마, 한국 문화에 대해 주로 이야기했다. 만남이 지속되면서 상자 씨는 속마음을 조금씩 꺼냈는데, 우리학교에 다니는 아들, 딸의 진로에 대한 걱정이 많았다.

"언니, 아이들이 이제 중학교에 올라가는데 고민이 많아요. 어떻게 하면 좋을까요?"

상자 씨와 대화하며 일본에서 조선인으로 살아가며 감내해야 하는 세상에 대해 더 알게 되었다.

100여 년 전, 일제식민지 때 비자발적으로 이주한 후 1945년 해방이 되었지만 남한에도 북한에도 돌아가지 못한 할아버지, 할머니들의 비참했던 삶…. 그리고 4대, 5대 자녀들에게까지 내려온 아픔…. 그들은 역사 속에서만 존재하는 나라, 사라진 나라 '조선적'을 여전히 유지하고 있다.

그런데 대부분의 한국 사람들은 '조선'이라는 국적을 곧 '북조선'이라고 생각한다. 때문에 이들은 지금도 '북한 국적의 사람들'로 오해를 받고 있다. 하지만 일본과 북한은 정식 수교가 되어 있지 않아 북한 국적으로는 일본에서 살 수가 없다.

거의 110년 전 지구상에서 사라진 '조선'이라는 나라의 국적을 지키고 있는 이들은 사실상 무국적자들인 것이고 우리는 이들을 '총련계 재일동포'로 알고 있다.

안타까운 것은 조선적은 무국적자로 분류되어 일본 정부로부터 아무런 혜택을 받지 못한다는 것이다. 이들은 특별 영주권으로 살아가고 있다.

일본은 고등학교까지 무상 교육을 실시하고 있지만, 우리학교는 비인가로 분류되어 어떤 지원도 받지 못해 학비를 스스로 부담해야 한다. 대체적으로 우리학교는 시외곽으로 밀려나 있어 통학에 따르는 교통비 부담도 크다. 심지어는 교사들의 월급을 학부모들이 지급하는 실정이다. 그마저도 제때 지급하지 못하는 경우도 종종 발생한다.

가장 안타까운 것은 우리학교는 일본 사회에서 학력으로 인정받지 못해 졸업 후에도 주류 사회에 편입하는 것이 쉽지 않다. 그래서 대부분의 그분들은 자영업을 하거나 아르바이트를 하며 살아가고 있다. 간혹 정대세, 안영학 선수처럼 운동에 두각을 나타내는 경우가 있을 뿐이다.

일본에 살며 국민으로서 내야 하는 세금은 다 내지만 아무런 권리를 누리지 못하는 것이다. 이에 불만이 있다면 "일본인으로 귀화하라"는 것이 일본 정부의 입장이다.

따라서 자녀를 우리학교에 보낸다는 결정은 부모로서 이루 말할 수 없는 고난을 감수해야 함을 의미한다. 이들의 삶 속에는 헤아릴 수 없는 피눈물이 숨어있다.

그런데도 이들은 우리말을 배울 수 있는 우리학교를 지키려고 한다. 우리학교에 있어야만 우리 민족의 정체성을 잃지 않기 때문이다.

"우리학교는 우리들의 고향입니다."

이들은 한결같이 말한다.

하나

"화평하게 하는 자는 복이 있나니 그들이 하나님의 아들이라 일컬음을 받을 것임이요" - 마태복음 5장 9절

학교에서 학생들이 부르는 '하나'라는 제목의 노래가 있는데 들을 때마다 울컥해진다. 가사는 아래와 같다.

"하나"

내가 태어난 때부터 사랑하는 조국은 둘이었네

슬픈 역사가 이 땅을 갈라도 마음은 서로 찾았네 불렀네

볼을 비빌까 껴안을까 꿈결에 설레만 가는 우리

처음 보아도 낯익은 얼굴아 가슴에 맺힌 이 아픔

다 녹이자 함께 부르자 이 기쁨을 누구에게 드릴까

이 노래를 이 춤을 희망을 내일의 우리들에게

어린 품속에 그려본 사랑하는 조국은 하나였네

오랜 세월 목이 다 말라도 마음은 서로 눈물로 적셨네
볼을 비빌까 껴안을까 반가워 이야기 나눈 우리
처음 보아도 낯익은 얼굴아 이 땅에 스민 이 눈물 다 말리자
함께 춤추자 함께 춤추자 이 기쁨 누구에게 보일까
이 노래를 이 춤을 희망을 내일의 우리들에게

　그들은 통일이 되면 하나가 된 나라에서 서로 얼굴을 비비며
우리말을 마음껏 사용할 그때를 기다리고 있다.
　우리 아버지들, 어머니들, 선생님들은 그들의 고향이고 조국
처럼 학교를 지키기 위해 일본 정부와 오늘도 싸우고 있다.

그를 불러오라

"그들이 여리고에 이르렀더니 예수께서 제자들과 허다한 무리와 함
께 여리고에서 나가실 때에 디매오의 아들인 맹인 거지 바디매오가
길 가에 앉았다가 나사렛 예수시란 말을 듣고 소리 질러 이르되 다윗
의 자손 예수여 나를 불쌍히 여기소서 하거늘 많은 사람이 꾸짖어 잠
잠하라 하되 그가 더욱 크게 소리 질러 이르되 다윗의 자손이여 나를
불쌍히 여기소서 하는지라 예수께서 머물러 서서 그를 부르라 하시
니 그들이 그 맹인을 부르며 이르되 안심하고 일어나라 그가 너를 부
르신다 하매 맹인이 겉옷을 내버리고 뛰어 일어나 예수께 나아오거
늘"- 마가복음 10장 46-50절

2014년 6월 말. 매년 6월 말이 되면 교회 생일을 맞아 잔치를 벌인다. 기쁜 마음으로 주일 예배에 할머니 가족을 초대했다. 할머니는 봄에 뜯어서 손질하여 아껴 두었던 쑥으로 또 쑥 인절미를 만들어 가지고 오셨다.

"교회에 왜 조총련들을 데리고 오셨나요?"

교회 안에 잠시 당황스러운 분위기가 생겼다.

몇몇 성도들 마음에 불편함이 있었던 모양이다.

"죄송합니다. 다음부터는 사전에 말씀드리겠습니다."

담임 목회자인 남편이 성도들에게 용서를 구했고 조용히 마무리되었다.

일본은 길거리에서 교회가 보이지 않는다.

작은 도시인 토요타에는 교회가 거의 없다. 그래서 성경에 등장하는 소경 바디매오 같은 귀한 영혼이 찾아왔지만 교회가 이들을 환대하지 못했다. 맹인이면서 거지인 바디매오의 외치는 소리를 많은 사람들이 들었다. 하지만 그 누구도 그를 보고 불쌍히 여기는 사람은 없었다. 꾸짖으며 "조용히 하고 잠잠하라"고만 했다. 예수님을 따르던 제자들도 나서는 이가 없었다.

"우리를 불쌍히 여겨 주세요."

육적으로 영적으로 땅끝에 살고있는 60만 명의 사람들이 소리치고 있다. 하지만 우리는 70년이 넘도록 듣지 않고 있는 셈이다.

교회는 누구나 올 수 있는 곳이어야 하지 않을까? 설령 중한 죄를 지은 사형수나 조총련이라도 교회는 모두에게 문을 열어야 하고 예수님을 만나게 해야 하지 않을까? 교회는 모든 영혼을 사랑해야 하고 세상 땅끝 모든 영혼에게 복음을 전해야 하지 않을까?

할머니에게, 그리고 모든 그분들에게 죄송했다. 어렵게 찾아왔는데 교회가 환대를 하지 못했다. 우리 그리스도인들조차 따뜻하게 대접하지 않는다면 누가 이분들을 품을 수 있을까?

이 일로 조금 마음이 아프기도 했지만 한편으로는 조선인 사회를 더 깊이 이해할 수 있는 계기도 되었다. 그들이 단단히 뭉쳐 사는 이유는 '세상 모든 사람들이 차별하고 냉대하고 관심을 갖지 않기 때문이구나'라는 생각이 들었다.

눈 뜨기 원하는 60만 명의 조선인들을 우리 주님께서 부르라 하신다. 주님께서 말씀하시니 우리 가족부터 순종하기로 했다. 교회에서 쉽지 않다면 밖에서라도 만나 도울 수 있는 부분을 돕고 무엇보다 '주님은 당신들을 사랑한다'는 것을 전하고 싶었다.

'주님!
저희는 조선인을 위해 살고 싶습니다.
땅끝에 서있는 이들을 주님도 보고 계시죠?
분명 땅끝인가요? 아직 복음이 들어가지 못한 땅 아닌가요?

모든 열방에 미전도 종족까지 다 찾아내어 기도하고 있는데
왜 이들은 그 흔한 기도도 받지 못하는 건가요?

솔직히 이들에게 어떻게, 얼마만큼 다가가고 어디까지 해야
할지 모르겠습니다. 그들을 위해 살고 싶은데 어떻게 해야
할지를 모르겠습니다.

지혜를 주세요.

주님!

저희가 혹 무지하여 주님이 인도하시는 데도 따라가지 못할
까 두렵습니다. 가장 알기 쉽게 인도해 주세요.

하지만 주님께서 원치 않으신다면 이 마음까지도 지워주세
요. 아멘.'

구별하심

"내가 너를 모태에 짓기 전에 너를 알았고 네가 배에서 나오기 전에
너를 성별하였고 너를 여러 나라의 선지자로 세웠노라 하시기로" –
예레미야 1장 5절

2014년 8월 15일, 통일코리아를 위한 기도회가 강원도 춘천
에서 2박 3일간 열려 시간을 내어 참석했다. 두 달 전에 중보기
도 사역을 위해 일본에 왔던 순회선교단 자매가 마침 춘천에
살기에 연락을 했다. 그러자 그녀의 아버님이 목회하시는 교회

에서 숙소를 준비해 주셨다.

마침, 아버지 목사님도 통일코리아 기도 모임에 참석한다고 하셔서서 같이 가게 되었다. 차량으로 이동 중에 운전하시던 목사님께서 "일본에 살면서 어떻게 통일을 위한 기도 모임까지 왔냐?"라고 물으셨다.

이성로 목사님은 졸업식에서 만난 보람이 그리고 할머니 가족과의 만남 등 그동안 있었던 이야기를 하며 "주님께서 '일본 땅에 있는 우리학교 아이들과 조선인들을 품으라'는 마음을 주셨는데 어떻게 해야 할지 잘 모르겠습니다. 우리는 토요타에서 목회를 하는데 토요하시에 조선학교가 하나 있어요"라고 말했다.

춘천 교회 목사님은 갑자기 운전을 멈추시더니 "잠깐 차 한 잔할까요?"라며 가까운 카페로 향했다.

그리고는 "제가 토요하시 우리학교에 근무하는 선생님을 전도했답니다"라고 말씀하셨다. 목사님의 말씀에 우리 부부는 깜짝 놀랐다.

"토요하시 우리학교 가까이에 일본인 목사님이 계시는 신시로 교회라고 있어요. 일본 선교를 위해 갔는데 근처에 우리학교가 있다는 말씀에 바로 찾아갔습니다. 늦은 저녁 시간이었는데 선생님 한 분이 혼자 계시더군요."

우리 부부는 어안이 벙벙했지만 목사님의 말씀에 계속 귀를 기울였다.

"지금 교장 선생님이 안 계시다며 다른 날 찾아오라는 거예요. 그렇게 포기할 수 없어서 한국에서 왔으니 물이라도 한잔 달라고 했지요. 당황하던 선생님이 물을 건네주는 틈 사이로 슬쩍 한 발을 끼워 넣어서 문을 못 닫게 했죠. 하하하."

목사님은 그렇게 학교 안으로 들어가 복음을 전하셨다고 한다. 목사님이 만난 선생님은 보람이 졸업식 때 만나 우리와 교제를 쌓고 있는 분이었다. 우리는 대화를 하며 주님의 일하심에 함께 감사했다. 주님이 만나게 하신 만남이었다.

내가 미처 분별하지 못할 때 하나님께서는 특별한 만남을 허락하셔서 당신의 마음을 알게 하시고 온전하신 뜻을 확인하게 해주셨다.

하나님께서는 목사님을, 조선학교 선생님을, 그리고 우리 부부를 특별한 뜻 가운데 구별해 주고 계셨다.

안타깝게도 토요하시 우리학교는 2019년 3월 졸업식을 마지막으로 폐교되었다. 예수님을 구주로 영접한 그 선생님은 현재 신시로 교회에 출석하며 한국과 일본을 오가며 설교 통역으로 섬기고 있다.

2019년 여름에 '하나의 꿈 여행'이라는 이름으로 몇몇 그리스도인들이 우리학교 아이들과 가족들을 초대했을 때 우리는 일주일 동안 선생님과 함께했다. 가는 곳마다 목사님과 성도님들의 환대와 사랑을 느낄 수 있는 여행이었다. 마지막 날 밤 우리는 각자의 소감을 이야기했다. 이 자리에서 그 선생님은 주체할 수 없는 눈물을 흘리며 말을 잇지 못했다.

"우리 토요하시 학교의 아이들도 고국을 방문했다면 얼마나 좋았을까요? 우리 아이들도 한국 땅에 와서 이렇게 사랑받았으면 얼마나 좋았을까요? 이제는 학교가 없어져서 기회가 없어진 것 같아 너무 마음이 아파요."

2019년 마지막 졸업식 때 전교생과 함께 찍은 사진.
이후 토요하시 조선초급학교는 폐교되었다.

색동

"너희는 이 세대를 본받지 말고 오직 마음을 새롭게 함으로 변화를 받아 하나님의 선하시고 기뻐하시고 온전하신 뜻이 무엇인지 분별하도록 하라" - 로마서 12장 2절

색동은 우리 민족 고유의 색깔이다.
빨강, 주황, 노랑 등 따뜻한 느낌의 색깔이 가득하다. 조선 시대의 색동저고리를 보면 우리 민족은 색채 감이 탁월한 것 같

다는 생각이 든다. 여러 가지 색깔들을 배열한 순서가 일정하지 않고 왼쪽과 오른쪽이 비대칭인데도 무척 아름답다. 불규칙하고 자유로우면서도 알 수 없는 규칙이 있는 것 같다.

2015년 9월, 딸 은송이가 고등학교 3학년이었을 때 교회로 책 한 권이 배송되었는데 제목이 '색동'이었다. 책에는 일본어와 우리말이 같이 쓰여 있었고 좋은 내용과 다양한 정보가 가득 들어있었다. 마지막 페이지에는 장학금에 대한 내용이 적혀 있어 눈길이 갔다. 고등학생과 대학생을 대상으로 한 장학금 조건이 적혀 있었다. 저녁 9시가 넘은 시간이었지만 혹시나 싶어 바로 전화를 걸었다. 유선 전화번호였는데 지역 국번이 낯설었다.

"여보세요."

전화기에서 할아버지 목소리가 들렸다. 할아버지는 한국말로 전화를 받으셨다. 은퇴하신 목사님이라는 건 나중에 알았다.

"'색동'이라는 책을 봤는데 장학금에 대해 여쭈어 보고 싶어서요."

"어디 사세요?"

"여기는 나고야 옆에 있는 토요타시입니다."

"그래요? 여기는 오사카인데 '색동' 책이 거기까지 갔군요."

처음 통화였지만 부드러운 대화가 이어졌고 우리가 섬기는 교회와 가족 이야기를 했다. 할아버지는 다행히도 우리 교회를 잘 알고 계셨고 교회 안의 어려운 문제들까지도 알고 계셨던 터라 새로 부임한 담임목사가 누군지 궁금하셨다고 했다.

"오사카에 와 본 적 있나요?"

"아니오. 2011년 4월에 일본에 온 후 다른 곳은 한 번도 가본 적이 없어요."

"잘 됐네요. 그러면 여행 삼아 오사카에 2박 3일 정도 오세요."

목사님의 따뜻한 초대에 감사를 드리고는 9월 중순에 찾아 뵙겠다고 말씀드렸다.

오사카는 우리 동포들이 많이 살고 우리 음식도 먹을 수 있고 우리네 시장도 있어 한 번은 가보고 싶은 도시였다.

약속한 9월 14일, 직접 운전해 오사카에 도착했다. 고속도로 통행료가 당황스러울 만큼 비쌌다. 우리가 사는 토요타는 논과 밭이 대부분이었는데 오사카는 토요타와 비교할 수 없을만큼 크고 화려했다.

우리를 초청해 주신 60대 가량의 목사님과 오사카 시내가 보이는 식당에서 맛있는 점심을 먹고 숙소가 있는 교회로 이동했다. 조금은 오래되고 개발되지 않은 지역이었다.

"여기는 타츠미라고 해요. 주민의 80% 가량이 조선인이에요. 예전에는 가내 수공업을 많이 했어요."

목사님은 지역 곳곳을 돌며 친절하게 설명해 주셨다. 목사님의 말씀대로 곳곳에 조선인의 아련한 흔적들이 남아있었다.

"일본 정부는 의도적으로 이곳을 개발하지 않아요!"

그랬다. 그곳은 사람 한 명이 간신히 지날 수 있을 정도의 작은 골목길들로 뒤엉켜 있었고 작은 집들이 다닥다닥 붙어있었다. 전선들도 어지럽게 널브러져 있었다.

"조선인들이 사는 지역이라서 그래요."

목사님 말씀대로였다. 도로 하나를 사이에 두고 한쪽은 화려했지만 다른 쪽은 허름했다.

그런데 우리는 목사님에게 조선인들, 우리학교 이야기를 한 번도 한 적이 없었다. 그런데 목사님은 우리의 속을 훤히 알고  있는 분처럼 같은 주제의 이야기를 계속하셨다. 우리는 내심 놀랄 뿐이었다.

목사님은 타츠미 한복판에 있는 오래된 교회 앞에 차를 세우더니 우리가 2박 3일

타츠미에 있는 화해의 집.
캐나다 선교사가 세운 교회이다

동안 지낼 숙소라고 하셨다. 교회 입구에는 '화해의 집'이라는 우리말 현판이 있었다.

"예전에는 많은 성도들이 있었는데 지금은 성도들이 거의 없어요. 2층은 오래 사용하지 않은 사택이니 숙소로 사용하세요.

누추해서 미안해요."

우리에게는 너무나 감사한 잠자리였기에 목사님께 연신 감사하다고 말씀드렸다.

다음 날 아침 우리는 동네를 산책했다. 교회 바로 앞에 큰 학교가 보여 호기심이 생겨 걸었다. 가까이서 보니 '히가시오사까 조선중급학교'라고 쓰여 있었다. 오사카에서 학생이 가장 많은 우리학교였다. 아이들이 운동장에서 축구를 하는데 우리말이 들렸다. 눈물이 차오르고 가슴이 뛰었다.

주님께서 토요타에서 우리를 번쩍 들어다가 오사카 타츠미에 세워 놓고 보게 하시는 것 같았다.

'주님! 주님께서 직접 일하시는군요.'

'무엇을 하시려고 그러세요? 무슨 계획이 있으세요?'

주님께 계속 여쭈었다.

그날 밤 우리는 잠을 이룰 수가 없었다. 그리고 계속해서 이곳에서 조선인을 위해 살고 싶다고 기도했다.

"혹시 오사카로 와서 사역하실 의향은 없으세요?"

토요타로 돌아가는 날 아침, 같이 식사를 하던 목사님께서 우리 부부에게 깜짝 놀랄만한 제안을 하셨다.

"머무르셨던 숙소를 사택으로 쓰실 수 있어요."

목사님의 제안은 주님께 드린 기도의 응답이었다.

밖에는 비가 조금씩 내리기 시작했다. 집으로 돌아가야 했던 우리는 기쁜 마음을 한가득 담고는 출발을 했다. 오사카 톨게이트를 지나자마자 폭우가 내려 조금 쉬었다 운전하려고 갓길에 차를 세웠다.

그때 눈앞에 무지개가 보였다. 너무나도 선명하고 거대한 무지개를 보면서 주체할 수 없는 눈물이 흘렀다.

'주님 타츠미에서 보았던 아이들을 기억하겠습니다.

반드시 이곳으로 다시 오겠습니다.

이곳에 와서 조선인을 위해 살겠습니다.

주님께서 무지개로 보여주신 약속을 지키겠습니다.'

새 무지개

"모든 은혜의 하나님 곧 그리스도 안에서 너희를 부르사 자기의 영원한 영광에 들어가게 하신 이가 잠깐 고난을 당한 너희를 친히 온전하게 하시며 굳건하게 하시며 강하게 하시며 터를 견고하게 하시리라"
– 베드로전서 5장 10절

오사카에서 돌아오자마자 바로 교회에 사임 의사를 밝혔다. 가까이 지내던 분들이 "왜 굳이 힘든 길을 찾아가려고 하냐?"며 다시 생각해보기를 권했다. 하지만 주변에서 그럴수록 설렘만 커져갔다. 주님께서 우리에게 분명히 보여주신 길이었기 때문이다.

논의 끝에 그해 12월 말까지만 사역하는 것으로 결정했다. 나고야에 있는 대학에 재학 중인 아들 연종이는 학교 근처에 원룸을 얻어 독립을 하기로 했다. 그러자 고3인 딸 은송이의 대학교 진학을 어떻게 해야 할지 고민이 되었다.

"저는 한국에 있는 한동대학교에 가고 싶어요."

은송이는 잔잔하게 말하며 "오래전부터 한동대에 가고 싶다는 기도를 계속하고 있었다"라고 말했다.

현재 국제 로잔위원회 대표로 활약 중인 마이클 오 선교사님과 이웃으로 지낼 때였다. 우리는 가족끼리 친하게 지냈다. 나고야 신학교를 설립한 마이클 오 선교사님은 2012년 당시 한동대학교 총장이셨던 고 김영길 장로님을 초청해서 창조과학 세미나를 하는데 우리 가족을 초청했다. 김영길 총장님께서 세미나에 앞서 한동대학교를 소개했는데 은송이는 그 모습이 너무도 인상적이어서 그때부터 한동대학교에 가고 싶다는 마음을 굳혔다고 했다.

우리는 이 문제를 은송이 고등학교 선생님과 상의하기로 했다. 그러나 은송이 학교 선생님은 한국에 있는 대학교에 원서를 제출하면 일본에 있는 대학은 추천해줄 수 없다고 했다. 그리고는 일본 대학을 추천받아 놓고는 한동대에 합격했다고 해서 추천받은 일본 대학에 진학하지 않으면 곤란하다고 했다. 이것은 일본 고등학교와 대학교 간의 룰이라고 했다.

결단을 해야 했다. 하지만 한동대를 떨어지면 일본 대학 추천도 받지 못한 상태라 1년을 재수해야 하는 상황이었다.

우리는 계속 기도하면서 준비해온 딸을 인도하시는 하나님을 신뢰하기로 했다.

전교생이 기숙사 생활을 하는 믿음의 한동대학교에 진학하게 된다면 오사카로 가야 하는 부모의 입장에서도 안심이 될 것 같았다.

그런데 이즈음 우리는 새로운 경험을 했다.

사람은 잊기도 잘하지만 상황과 환경의 지배를 받는다는 것을 다시 한 번 깨닫게 된 것이다.

오사카를 다녀온 후 그곳으로 가져갈 짐과 버릴 짐을 정리하면서 토요타에서의 안정된 삶을 포기하는 것이 쉽지 않았다. 하루에도 몇 번씩 마음이 왔다 갔다 했다.

오사카에 가면 한참을 비워 두었던 집만 있을 뿐이다.

아무것도 없는 곳에서 다시 시작해야 한다.

그래도 갈 수 있느냐! 또다시 물으신다.

우리 부부는 일본으로 선교를 올 때 교단이나 파송 단체 없이 왔다. 주님이 인도하시는 대로 뚜벅뚜벅 걷고 있는 것이다.

주님이 주시는 마음을 제한하지 않고 순종할 수 있음에 감사할 뿐이다.

다시 생각해보니 2011년 처음 일본으로 올 때와 동일한 마음이었다.

'계속 주님을 신뢰해야 한다. 믿음을 드려야 한다.'

주님은 주님을 신뢰하고 발걸음을 떼었을 때 주님이 일하시는 기적을 우리로 하여금 이미 보게 하셨다.

한 번의 순종이 그다음의 순종으로 가도록 이끄셨다.

이것이 하나님이 일하시는 방법이기에 이번에도 순종할 수 있음에 그저 감사했다.

그래서 주님은 오사카에서 오는 날 무지개를 보여주셨나 보다.

'주님! 가겠습니다'

주님이 어떻게 일하실지 기대되었다.

생각보다 후임 사역자가 빨리 구해졌고 딸은 당분간 오빠와 지내기로 했다. 그렇게 우리 부부만 오사카로 이사를 했다.

성경책 선물

"나의 영혼이 잠잠히 하나님만 바람이여 나의 구원이 그에게서 나오는도다 오직 그만이 나의 반석이시요 나의 구원이시요 나의 요새이시니 내가 크게 흔들리지 아니하리로다" - 시편 62편 1-2절

오사카를 다녀온 후 여느 때처럼 샤인제리아에서 상자 씨를 만났다. 점심 메뉴는 500엔 정도, 110엔을 추가하면 음료를 무

제한 이용할 수 있다. 상자 씨는 밥과 스프가 있는 함박스테이크를 좋아했고, 우리 부부는 파스타를 주로 먹었다. 상자 씨와 나는 커피를 좋아해서 처음부터 많이 마셨다.

"언~니, 이번에는 카라멜~ 마끼야또 마시자요."

처음에는 아메리카노를 마시고 라떼, 카푸치노, 단맛이 나는 마끼야또까지 우리는 마음껏 즐겼다.

일본 TV에서 한국 드라마 '겨울연가'가 자주 재방영이 되고 있다. 상자 씨는 몇 번을 봤다고 하면서 춘천의 남이섬에 가보고 싶다고 했다. '겨울연가' 남자 주인공의 따뜻함이 좋고 한국 남자들이 좋다고 했다. 매년 겨울이면 어김없이 방영되는데 언젠가 병원에 입원 중이던 할머니가 "'겨울연가'를 계속 봐야 하니 다 끝나면 퇴원하겠다"고 고집을 부리셨다고 했다.

"한국 남자들은 다 욘사마처럼 따뜻하지요? 언니?"

남편과 나는 아무 말도 못 하고 한참을 웃기만 했다.

상자 씨에게 오사카에 다녀온 이야기를 했다.

"우리가 이사할 곳은 조선시장이 가까워요. 집 바로 앞에 히가시 조선중급학교가 있었어요."

상자 씨는 오사카에 우리 동포들이 가장 많이 살고 있다며 잘 된 일이라고 기뻐해 주었다. 가장 친한 친구도 오사카에 살고 있다며 꼭 소개해 주겠다고 했다.

우리 부부는 상자 씨에게 직접 복음을 전하지는 않았다.

상자 씨와 우리는 교회 목사, 사모이기 전에 좋은 친구로, 자매로 지내고 싶었다. 마지막으로 만날 때는 책을 몇 권 예쁘게 포장해서 선물했다. 조선학교 청소년들이 읽으면 좋을 만한 도서와 수필집이었다.

그리고 일본어와 한글이 병기된 성경책을 선물했다. 제법 크고 두꺼운 성경책을 보고 상자 씨는 "이렇게 값진 걸 받아도 되냐?"고 몇 번을 물었다. 나는 "한글 공부 삼아 꾸준히 읽어보라"고 권면했다.

상자 씨를 만나는 동안 눈을 맞추고 직접 하지 못한 이야기가 있다. 늘 하고 싶었던 이야기를 지면을 통해 하고 싶다.

"상자 씨, 우리 부부는 당신을 정말 사랑해요. 상자 씨가 예수님을 믿으면 좋겠어요."

타츠미

"주의 성령이 내게 임하셨으니 이는 가난한 자에게 복음을 전하게 하시려고 내게 기름을 부으시고 나를 보내사 포로 된 자에게 자유를, 눈 먼 자에게 다시 보게 함을 전파하며 눌린 자를 자유롭게 하고 주의 은혜의 해를 전파하게 하려 하심이라 하였더라" – 누가복음 4장 18-19절

'오사카에 계신 조선인 여러분!
토요타시에서 우리를 도와주시고 사랑해주셨던 이성로 목

사님 부부가 12월 8일 오사카로 이사를 갑니다. 우리 아이들과 우리 동포들을 위해서 가시는 것이니 많이들 도와주십시오.'

상자 씨가 조선인 소셜네트워크에 올린 글을 읽고 오사카의 길거리에서 조선인 자매가 우리를 한눈에 알아보았다. 덕분에 우리는 타츠미까지 친절하게 안내받아 오게 되었고 이삿짐 정리까지 거의 마무리되었을 때쯤 상자 씨한테서 전화가 왔다.

"정희 언니, 이사는 잘했어요? 오사카에 사는 제 친구 순덕이 아들이 히가시오사카 조선중급학교에 곧 입학해요."

토요타에서 교제할 때 소개해 주고 싶다고 말했던 가장 친한 친구 이야기였다. 그 아들이 우리 집 바로 앞에 있는 조선학교에 입학을 한다니…. 나는 상자 씨의 친구 순덕 씨의 연락처를 받자마자 바로 연락을 했고 순덕 씨는 남편과 아이들을 데리고 방문하겠다고 약속했다.

며칠 뒤 순덕 씨 가족이 오사카의 명물로 알려진 카스테라를 사가지고 왔다. 축구를 좋아하는 아들이 축구로 유명한 히가시오사카 조선중급학교에 다니게 되었는데 집과의 거리가 멀어 전철을 타고도 30분을 걸어야 한다고 했다. 순덕 씨는 "조선학교에 다니는 아이들의 대부분이 그렇다"고 설명했다.

순덕 씨와 상자 씨는 아이치현에 있는 조선학교를 같이 다닌 오랜 친구로 순덕 씨는 오사카에 사는 남편을 만나 이사를 하게 되었다고 한다. 조선인들의 결혼은 참 재미있으면서도 애잔

하다. 멀리 다른 지역에 살고 서로 잘 모르고 지냈어도 조선인
이라는 사실 하나만으로 만나 가족을 이루게 된다고 한다. 그
래서 70여 년이 훨씬 지난 지금도 이 땅 곳곳에 조선인 가족이
5대째 흐르고 있는 듯하다.

히가시오사카

"두려워하지 말라 내가 너와 함께 함이라 놀라지 말라 나는 네 하나님
이 됨이라 내가 너를 굳세게 하리라 참으로 너를 도와 주리라 참으로
나의 의로운 오른손으로 너를 붙들리라" – 이사야 41장 10절

오사카에 살면서도 집 바로 앞에 있는 조선학교 문을 열고
들어가지 못하고 있었다. 학교가 커서 두려움이 있었기 때문이
다. 매일 운동장에서 노는 아이들의 모습과 등·하교 때의 모습
만 지켜볼 뿐이었다.
'주님, 지혜를 주세요. 용기를 주세요.'
잠잠히 기다리며 기도만 하고 있었다.

2016년 2월 어느 날, 30대 나이의 일본 여성이 집으로 찾아
왔다. 1층에 있는 교회에 다녔던 분인데, 오랫동안 비어 있던
사택에 누군가 사는 것 같아 궁금해서 들렀다고 했다. 이름이
'쿠미'라는 그녀는 근처에 살고 있었다.

쿠미 상은 여느 일본 사람 같지 않게 사교적이고 적극적이었다. 한국을 좋아한다는 그녀는 그날 이후 우리 집을 자주 찾아 함께 한국 음식도 해먹고 차도 마시며 교제를 하게 되었다. 남편과 나는 일본어 공부도 할 겸 잘 되었다고 생각했다.

쿠미 상은 시아버지의 고향이 제주도라고 했다. 그녀는 조선학교를 졸업한 남편과 결혼한 지 10년이 지났지만 아직 자녀가 없었다. 남편은 사회에서는 일본인으로 살고 있지만 식성은 여전히 김치를 좋아하는 조선인이라고 했다.

"바로 앞에 있는 히가시오사카 조선중급학교에 들어가보고 싶은데 머뭇거리고 있어요. 봄방학이 시작되기 전에 인사라도 드리고 싶은데…."

"두려울 게 뭐가 있어요. 당장 같이 가봐요!"

쿠미 상의 담대함을 주님께서 쓰시는 듯했다.

우리의 대화를 듣고 있던 남편이 "둘이서 함께 다녀와"라고 말했다.

조선학교를 방문하는 것에 대해 아직 두려움이 있던 남편은 "여자 둘이서 가는 것이 더 부드럽고 좋을 것 같아"라는 핑계를 대며 자리에서 일어나지 않았다.

"전쟁터에 부인 혼자 가라는 사람이 어디 있어요?"

"나는 다음에 갈게."

지금은 이 이야기를 우리의 에피소드로 웃으며 하지만 그때는 남편에게 야속한 마음이 들었던 것도 사실이다.

'쇠뿔도 단김에 빼라'는 속담처럼 쿠미 상과 나는 바로 학교로 찾아갔다. 그리고 철제 교문을 열고 들어가 운동장을 지나 교무실까지 갔다. 쿠미 상은 교무실 밖 복도에 있는 사진들을 보고 있었고 나 혼자 교무실로 들어갔다.

"안녕하세요. 저는 조선학교를 돕고 싶어 한국에서 온 목사 부인입니다. 남편 되는 목사님은 오늘 사정이 있어서 함께 오지 못했지만 혹시 저희가 학교를 위해 도울 일이 있을까요? 청소라도 할 수 있습니다."

금방이라도 쫓겨날 줄 알았는데 의외로 선생님들이 상냥하게 대해 주셨다.

"저희 교원들이 정할 수는 없어요. 교장 선생님이 오시면 상의하고 전화를 드릴게요. 전화번호를 적어 놓고 가십시오."

남편 이름과 전화번호를 적어 놓고 선생님들께 인사를 드리고 학교를 나왔다. 그리고 긴 호흡을 한 번 하고는 쿠미 상과 마주보며 웃었다.

연락처를 남겨 놓았지만 정말로 전화가 올거라고는 생각하지 않았다. 선생님께서 예의상 그렇게 말하지 않았을까 생각했다.

그런데 며칠 후, 모르는 번호로 전화가 왔다.

"안녕하십니까. 히가시오사카 조선중급학교 교장입니다. 오후에 시간이 되시면 학교로 와주십시오."

우리 부부는 약속한 시간에 맞춰 학교로 찾아가 교장 선생님을 만나 환담을 나누었다.

교장 선생님께서는 따뜻하고 진한 녹차를 내주셨다. 내가 지금까지 먹어 본 녹차 중에 가장 향이 진하고 맛있었다. 교장 선생님은 한국에서 온 목사가 먼저 조선학교에 찾아온 사실이 무척 신기하다고 하셨다.

"목사님이 우리학교를 찾아오신 것은 처음입니다"

그러자 남편이 "사실 저는 선교사입니다"라고 말했다.

남편은 목사보다 선교사라는 호칭이 좀더 부드럽고 좋은 것 같아서 선교사라고 말했다. 그러자 교장 선생님이 말씀하셨다.

"저희는 목사님이 더 좋습니다. 선교사라는 호칭보다는 목사라는 호칭이 훨씬 좋으니 앞으로는 목사님이라고 소개하면 좋겠습니다."

그래서 우리는 조선학교와 조선인들에게 목사와 사모로 불리게 되었다.

우리는 학교에 도울 일이 없는지 다시 한 번 여쭈었다.

"어떤 일을 하기 보다는 우선 아이들 그리고 부모님들과 잘 지내보세요. 곧 있을 졸업식, 입학식, 벚꽃축제 등 모든 행사에도 함께 해주시구요. 먼저 아이들과 자주 만나서 친해지면 좋겠습니다."

교장 선생님의 말씀에 나는 속으로 부끄러워졌다.

'이분들은 그저 가족이 되고 싶어 하는데 나는 물질적인 무언가를 원하지 않을까?'라는 생각을 했다.

'나조차도 어떤 이념이 아직도 남아 있구나.'

'토요타에서 만난 할머니 가족도 단지 만나서 같이 교제하고 싶었을 뿐인데… 아직도 나는 저분들의 마음을 이해하지 못하는구나' 싶었다.

교문을 나오면서 자꾸 뒤를 돌아보았다. 이 두려운 마음이 언제쯤이면 사라질까?

조선학교의 여학생들은 검정 치마저고리를,
남학생들은 검정 교복을 입는다.

2부

아픔의 노래

나를 사랑하는 주님

"야베스가 이스라엘 하나님께 아뢰어 이르되 주께서 내게 복을 주시려거든 나의 지역을 넓히시고 주의 손으로 나를 도우사 나로 환난을 벗어나 내게 근심이 없게 하옵소서 하였더니 하나님이 그가 구하는 것을 허락하셨더라" – 역대지상 4장 10절

나는 어린 시절 가족과 떨어져서 외가 식구들과 살았다.

외갓집에도 식구가 많았다. 외할머니는 아프셔서 늘 방에 누워 계셨고 내 기억 속의 외할아버지는 몸집이 크고 무서웠다. 어린 나이였지만 그렇잖아도 많은 식구에 나 한 명 더 있는 것이 미안하게 느껴졌다. 나는 어떻게든 도움이 되고 싶어 눈치를 보며 궂은 일을 했다.

추운 겨울, 강가에서 빨래를 한 후 꼭 짜지 않은 상태에서 널면 빨래에 고드름이 달렸다. 어린 나이였기에 빨래를 꼭 짜는

것이 어려웠다. 당시 시골은 수도가 보편화되지 않았기에 나는 우물에 가서 양동이에 물을 길어 왔다.

밥할 시간이 되면 부엌에서 외숙모를 도왔다. 누가 시킨 것은 아니지만 그래야 할 것만 같았다. 그때 나는 초등학교도 들어가기 전의 어린아이였다.

아파도 아프다고 말하지 못했다. 몸이 아픈 것보다 참기 힘든 것은 엄마가 너무 보고 싶은 거였다.

매일 밤 이불을 뒤집어쓰고 울었던 기억이 지금도 생생하다.

외갓집에서 5분 정도만 걸으면 교회가 있었다. 어린아이가 힘들면 무엇이 그리 힘들었는지 나는 매일매일 교회에 갔다. 나무 바닥인 예배당이 너무 좋았다. 예배가 무엇인지 잘 모르면서도 마룻바닥에 앉아 있으면 그냥 좋고 편안해서 잠이 드는 날도 있었다.

나의 아버지는 아내와 자식들을 버렸다.

엄마는 남동생을 업고 남편을 찾으러 다녔고 나는 외갓집에 맡겨졌다. 나중에 들은 이야기지만 어느 날 외갓집에 온 엄마가 나를 보고는 하염없이 눈물을 흘렸다고 한다. 그리고 엄마는 너무 마르고 핏기 없는 어린 딸을 이렇게 살도록 두면 안되겠다고 생각했다고 한다.

그때 외할머니는 폐렴이었는데 어린 내가 늘 할머니와 함께 잤다.

할머니는 외갓집에서 혼자 예수님을 믿었기에 내가 교회에 가는 것을 기뻐하셨다. 아픈 할머니는 내가 처음 교회에 갈 때 교회에 가는 길을 자세히 가르쳐 주셨다. 처음 예배를 드리고 온 날 기뻐하시던 할머니의 미소가 지금도 그립다.

할머니는 찬송가를 즐겨 들으셨다. 카세트로 찬송가를 들으셨는데 테이프가 다 돌아가면 나는 반대로 돌려 다시 틀어드렸다. 할머니가 천국에 가시던 날 밤에도 나는 테이프를 돌려가며 찬송가를 틀었다. 할머니는 그렇게 주무시다가 그날 밤 하나님 곁으로 가셨다. 아침까지 나는 할머니 옆에서 잠을 잤다. 할머니께서는 내게 예수님을 선물로 주셨다.

초등학교 2학년이 되자 엄마는 나를 데리고 충남 금산으로 갔다. 세 식구가 금산에 있는 작은 마을에서 과수원을 하며 살았다. 사과와 복숭아 농사를 지었는데 매일 일이 많았다. 아버지가 무슨 일을 하고 다니는지 무서운 사람들과 경찰들이 집으로 자주 찾아 왔다. 엄마의 삶이 너무 힘들어 보였다.

어느 날, 엄마가 주방에 있는 칼을 들고 와서 "셋이 같이 죽자"고 한 일도 있었다. 어찌나 무서웠던지 나는 동생 손을 잡고 무조건 도망쳤다. 가끔은 마을 사람들이 엄마한테 하는 소리를 듣곤 했다.

"애들은 할머니한테 데려다주고 새롭게 살아."

어린 마음에 엄마가 동생과 나만 남겨 놓고 나갈까 봐 밤마다 엄마를 살피며 감시했다.

한 번은 자다 보니 옆에 엄마가 없었다.

"엄마, 엄마"를 목이 터져라 부르며 울면서 동생과 마을까지 내려왔다. 엄마는 과수원에 일이 많아지자 일할 사람을 찾느라 마을에 와있었다. 그때 엄마를 만난 안도감은 말로 표현할 수 없을 정도였다.

집과 과수원이 마을과 떨어진 산속에 있었기에 동생과 나는 공동묘지가 있는 산을 넘어 학교에 다녔다.
"나를 사랑하는 주님 나를 위해 죽으시고
부활 승천하시어서 나의 주가 되셨네"

찬양을 부르면서 산을 넘었다.
주님이 함께 계셔서 무섭지 않았다. 예수님은 죄가 하나도 없는 분인데 내 죄 때문에 십자가에 달리셨다. 예수님도 십자가가 얼마나 무섭고 아프셨을까?
십자가를 지고 골고다 언덕을 오를 때 두렵고 무서웠을 예수님의 마음을 알게 되었다. 나도 공동묘지를 지날 때마다 십자가에 달리신 예수님을 생각했다.
'십자가에 달리시기까지 예수님에게 하나님은 한 번도 눈을 떼실 수 없었고 떼지 않으셨지. 십자가에 달리신 예수님을 하나님은 보고 계셨지. 그렇다면 그 하나님이 동일하게 나를 보고 계실거야.'
하나님이 보고 계시니까 괜찮다고 생각했다. 그런 마음이 있었기에 어린 나이에도 예수님이 내게 허락하신 모든 환경에 감사할 수 있었다.

방학이 되면 친척들이 찾아와서는 우리 남매를 불쌍히 여겨 도시에 사는 집으로 데리고 가곤 했다. 친척들 집에는 우리 남매와 비슷한 나이의 언니, 오빠, 동갑내기가 있었다. 도시에 있는 사촌들의 집은 너무 좋았다. 당시 냉장고도 없던 우리 집과 비교하면 피아노를 치는 사촌 언니, 친구 앞에서 난 한없이 작아졌다. 좋다고 소문난 유명한 곳에 가고 맛있는 음식을 먹어도 전혀 즐겁지 않았다. 또래 사촌 아이들의 밝고 명랑함은 나를 더 움츠러들게 했고 "아빠, 아빠"라는 소리를 들으면 내게는 없는 그 소리가 낯설었다.

"아빠~"라고 부르는 사촌들이나 친구들이 오히려 신기하게 느껴졌다. 내게는 없는 단어이자 부끄러운(수줍은) 단어였다.

그러던 어느 주일학교 예배 때 선생님은 "하나님이 아버지다"라고 하셨다. "아버지~ 아빠~"라고 불러도 된다고 하셨다. 나는 아무도 없는 길을 걸으며 몇 번을 망설이다가 "아빠~ 하나님"하고 작게 불렀다. 잠시 후에 다시 한 번 "아빠~하나님"하고 불렀다.

순간 '나도 아빠가 있네!'라는 마음이 생기면서 무엇인지 모르게 기쁘고 안심이 되었다. 그날부터 내게도 "아빠"라고 부르는 누군가가 생겼다.

가족

"야곱아 너를 창조하신 여호와께서 지금 말씀하시느니라 이스라엘아
너를 지으신 이가 말씀하시느니라 너는 두려워하지 말라 내가 너를
구속하였고 내가 너를 지명하여 불렀나니 너는 내 것이라 네가 물 가
운데로 지날 때에 내가 너와 함께 할 것이라 강을 건널 때에 물이 너
를 침몰하지 못할 것이며 네가 불 가운데로 지날 때에 타지도 아니할
것이요 불꽃이 너를 사르지도 못하리니" - 이사야 43장 1-2절

나는 22살, 조금은 이른 나이에 결혼을 했다.

내가 중학생이 될 때 금산에서 과수원을 하던 엄마는 과수원
을 처분하고 인삼을 사서 다른 도시에 가서 파는 일을 시작했
다. 이때부터 나와 동생은 대전으로 이사해 둘이 살았다. 우리
가 다 자랐을 때 누군가 이런 말을 했다.

"어떻게 다른 길로 삐뚤어지지 않고 남매가 그렇게 잘 컸냐"

하나님이 함께하셨음을 나는 늘 알았다.

5년이 넘는 시간 동안 매주 금요일 저녁이면 우리 집에 오시
는 보험설계사 아줌마가 있었다. 특별한 사정이 있으면 오시지
못할 때도 있었지만 그렇지 않다면 오실 때마다 항상 맛있는
빵을 사오셨다. 그중에 커다란 맘모스 빵이 너무 맛있었다. 한
쪽에는 딸기쨈이, 다른 쪽에는 크림이 들어있는 커다란 빵이
었다.

'쨈과 크림 중 무엇을 먼저 먹을까?' 동생과 가위바위보 게임을 하며 먹은 기억이 난다.

나는 지금도 빵을 참 좋아한다. 그래서 남편은 나를 "빵~보"라고 부른다.

요즘도 한국의 빵집에는 조금 작아진 맘모스 빵이 진열되어 있는데 그것을 볼 때마다 새로운 빵이 많이 탄생하는 시대에도 없어지지 않고 자리하고 있어서 기분이 좋다.

아줌마는 엄마같이 도란도란 이야기도 해주시고 동생과 내 손을 꼭 잡고 한참동안 기도를 해주시고 가셨다.

동생과 나는 "오늘 금요일이다"라며 매주 금요일 저녁이면 아줌마를 기다렸다. 일주일에 한 시간 정도였지만 그 시간은 주님이 외로운 남매에게 오셔서 친구가 되어 준 시간이었던 것을 시간이 지난 후에야 알았다.

그렇게 나는 성인이 되었고 사랑하는 사람을 만났다.

지금의 남편이다. 남편은 우리 주변에서 흔히 볼 수 있는 '교회 오빠'였다.

나는 어렸을 때 자주 아파서 아침에 일어나지 못할 때가 많았다. 나는 그 이유를 잘 몰랐다. 그저 몸이 약한 줄로만 알았다.

군 제대 후 복학을 기다리던 교회 오빠는 여름성경학교 강습회에 나와 함께 2차로 가기로 했다. 그런데 출발을 약속한 날 나는 몸이 아파서 못 갈 것 같았고 그와 같은 사정을 교회에 알렸다.

내 사정을 들은 교회 오빠는 담당 전도사님께 우리집 주소를 알아낸 후 시장에 들러 떡볶이를 사가지고 강습회를 가기 전 병문안을 왔다.

교회 오빠는 병문안을 와서는 가난함을 넘어 빈곤하기까지 한 우리집 형편에 놀랐고 그럼에도 드러나지 않았던 나의 모습이 이뻐서 빨리 결혼해야겠다고 생각했다고 한다.

우리 집을 처음 방문한 교회 오빠는 집에서 연탄가스 냄새가 난다고 했다. 그때까지 난 그것도 모른 채 살았다. 매일 조금씩 새어 나오는 연탄가스를 맡아 몸이 아파 일어나지도 못한 것이었다.

교회 오빠가 사 온 떡볶이를 먹고 기운을 차린 나는 함께 강습회에 갔다. 그때 잠깐 슈퍼에 들어간 교회 오빠는 당시 500원 하는 델몬트 오렌지 주스를 하나 사서 뚜껑을 열어 마시라고 주었다.

그때까지 그런 친절을 받아 본 적이 없던 나는 주스 뚜껑을 열어주는 친절함에 너무 가슴이 울컥해서는 강습회 내내 델몬트 오렌지 주스만 생각했다.

나중에 알고 보니 같은 시각에 교회 오빠는 '저 아이랑 같이 살아야겠다!'라고 생각했다고 한다.

우리는 그렇게 조금 이른 나이에 부부가 되었다.

주님이 따뜻하고 재미있는 교회 오빠를 가족으로 주셔서 웃을 일이 많아졌다. 웃는 것도 사치 같아서 마음껏 웃지도 못한 나에게 주님은 이제는 마음껏 웃으라고, 그래도 괜찮다고 하신다.

"슬픔대신 희락을 재 대신 화관을
근심 대신 찬송을 찬송의 옷을 주셨네."

결혼을 앞둔 어느 날 교회 오빠와 버스정류장에 서 있다가 맘모스 빵을 사주시던 보험설계사 아주머니를 만났다.

"안녕하세요?"

"정희 아니니?"

"아줌마, 저 결혼해요"라며 교회 오빠를 소개했다.

주님께 "감사합니다"라고 하시는 아주머니의 두 눈에 눈물이 가득 고였다. 어렸을 때는 잘 알지 못했는데 오랜만에 만난 아주머니의 삶이 그다지 넉넉해 보이지 않았다. '아주머니도 힘드신데 우리에게 오신 것이었구나'라는 생각이 들었다.

버스를 타서도 끝까지 손을 흔들며 웃으시던 아주머니의 얼굴이 주님 같았다.

"어린 나이에 만났으니 더 재밌겠구나! 예쁜 부부 되어라"라는 아주머니의 말씀이 자꾸 떠올랐다.

결혼한 우리 부부에게 주님은 아들, 딸을 선물로 주셨다.

"아빠, 엄마가 선교사면 저희도 선교사예요"라며 한참 예민

할 중·고등학생 시기에 일본 땅에 와서 묵묵히 살아준 고마운 아이들이다.

우리 가족에게는 특별한 공통점이 있다.

모두가 프로야구 경기를 좋아하는 것이다.

일본으로 오기 전 대전에서 살았기에 일본 토요타시에서도 한화 이글스 팬이었다.

일본어가 익숙지 않아 전혀 알아들을 수 없는 수업을 들으면서도 하루종일 교실에 앉아있던 아이들은 한화 프로야구 경기를 보면서 위로를 받았다.

우리는 노트북 앞에 모여 앉아 "홈런!"을 외치며 즐거워했다. 경기에서 진 날은 아쉬움에 즐거웠고 이긴 날은 기뻐서 즐거웠다. 그렇게 주님이 아이들을 숨 쉴 수 있게 하셨다.

온 가족이 한화 야구팀을 응원한다고 했더니 우리와 교제하시던 선교사님께서는 부럽다고 하셨다. 그 선교사님은 자녀들이 아주 어릴 때 일본으로 와서 아이들이 거의 일본 사람이 되었다고 했다. 한국과 일본이 축구 경기를 하면 일본을 응원하는 아이들을 보면서 씁쓸하다고 말했다. 우리 아이들이 한국인이라는 확실한 정체성을 가지고 사는 것을 부러워하셨다. 그래서 우리 부부는 주님께 다시 한 번 감사했다.

'주님~ 아이들이 이 땅에 적응하고 사느라 너무 힘들지만 한국 친구들이 보고 싶어 우는 아들과 딸이 참 귀합니다. 허락하신 때를 감사합니다.'

처음 부르심

"여러 사람의 말이 우리에게 선을 보일 자 누구뇨 하오니 여호와여 주의 얼굴을 들어 우리에게 비추소서 주께서 내 마음에 두신 기쁨은 그들의 곡식과 새 포도주가 풍성할 때보다 더하니이다 내가 평안히 눕고 자기도 하리니 나를 안전히 살게 하시는 이는 오직 여호와이시니이다" – 시편 4편 6-8절

2010년 '복음에' 몸부림치던 어느 가을.

땅끝 주님의 마음과 사랑이 있는 곳에 예배하는 자로 살고 싶어 기도하고 있을 때이다. 당시에 남편은 대전 OO교회에서 음악사역자로 사역하고 있었다. 담임 목사님께서 선교에 마음이 있는 우리 부부에게 일본에 있는 어떤 교회에 대해 이야기하셨다.

그 교회 성도들이 텐트를 치고 예배를 드리고 있다고 하셨다. 교단과 여러 가지 문제가 발생해 교회를 내어주고 예배실도 없고 사역자도 없이 마당에서 비가 오나 눈이 오나 2년이 넘도록 예배하는 성도들이 있다고 했다.

여러 가지 문제가 있는 교회이기에 교단 소속이 아닌 목사가 가면 좋겠다며 이성로 목사에게 제의가 들어온 것이다.

이성로 목사님은 음악목사였기에 교단에 소속되지 않은 채 사역하고 있었다.(지금도 우린 단체, 교단 소속이 없이 사역하고 있다.)

우리에게 교단과의 문제는 아무런 문제가 되지 않았다. 그럼에도 불구하고 예배를 드리는 성도들이 너무 대견하고 사랑스러워 빨리 보고 싶었다.

하루라도 빨리 그들과 함께 예배드리고 싶은 마음에 잠시 휴가를 내어 그들을 보러 갔다.

여러 나라로 아웃리치를 다녔지만 일본은 처음이었다. 솔직히 말하면 '땅끝 어디든 부르시면 가겠습니다'라고 고백하면서도 일본은 나의 마음속에서 늘 제외되어 있었다. 왠지 선교와는 상관이 없는 나라로 느껴졌기 때문이다.

일본으로 선교 가는 것에 대해 마음의 결단을 하려고 하니 담임목사님께서 놀라며 "꼭 가지 않아도 된다"며 "한 번 더 기도해보라"고 하셨다.

그때 우리 부부는 40세가 가까운 나이였고 아이들은 중·고등학생이기에 걱정을 하신 것이다. 일반적으로 선교를 나가기에 조금 늦은 나이였고 아이들 문제도 쉽지 않은 상황이었다.

그럼에도 우리 부부의 마음에는 평안함과 함께 솟아나는 기쁨이 가득했다. 분명 주님이 주시는 마음이었다.

그렇게 오직 주님을 신뢰하는 마음으로 일본행 비행기를 탔다. 그리고 우리 부부는 아무것도 생각하지 않았다.

단지 그곳에 있는 성도들이 보고 싶었다. 그런 우리에게 주님은 오직 주님만 보게 하셨다.

'주님 저희는 아무 걱정이 없습니다. 주님이 하실 것이기에

순종하겠습니다.'

일본으로 향하는 우리 가족은 너무도 평안했다. 오히려 그 순종이 너무도 기뻤다.

우리 부부가 일본에 도착한 주일에 교회의 교단 문제가 모두 해결되면서 성전 안에서 예배하는 놀라운 일이 생겼다.

"목사님이 오셔서 이런 기적이 일어났나 봐요"라며 모두들 기뻐했다.

한국에 가서 기다리면 늦어도 12월 말까지는 정식으로 초청하겠다는 말을 듣고 우리 부부는 그동안의 사역과 생활을 정리하기 시작했다. 그러나 연락을 주겠다던 일본 교회에서는 아무런 소식이 없었다.

그리고 2011년 새해가 되었다. 아들은 고1, 딸은 중2가 되었다. 일본어가 전혀 되지 않는 아이들과 아무런 소식도 없는 선교지를 묵묵히 기다리고만 있었다. 주변 사람들도 모두 우리 가족을 지켜보고만 있었다. 이미 한국에서의 생활을 정리했기에 우리는 교회 선교관에서 지내고 있었다.

주님은 우리가 얼마나 간절한지, 정말 주님을 신뢰하는지 테스트를 하시는 것 같았다.

한 달, 두 달, 석 달이 지나도 일본 교회에서는 연락이 없었다. 당시 나는 조은혜 집사님(지금은 권사님이 되심)과 철야 기도를 하면서 교회에서 잤다.

'하나님이여 나의 부르짖음을 들으시며 내 기도를 들어 주소서'

날마다 십자가 앞에 엎드려 '어떠한 말씀이라도 해달라'고 기도했다. 하지만 주님은 나의 어떠함에도 아무상관없는 듯 오랫동안 아무 말씀이 없으셨다. 묵묵부답으로 일관하시며 너무도 조용했다.

그러던 어느 늦은 밤 예배실을 빙빙 돌며 찬양하고 기도하고 있던 때였다. 갑자기 너무 부드러운 느낌으로 '왜 근심하느냐?'며 '아무 걱정 하지 말라'며 내 마음을 만져주셨다.

모든 것이 음성이 아닌 마음의 감동으로 전해졌다. 가슴이 너무 뜨거웠다.

'아! 주님은 이렇게도 말씀하시는구나!'

그저 울며 걱정하지 않겠다고 대답했다. 아무 걱정하지 않겠다고 주님을 믿는다고 고백했다.

'주님은 살아계신 하나님의 아들이십니다!'

그렇게 그날 나에게 이루 말할 수 없는 평강이 임했다.

새벽에 남편을 보자마자 주님이 주신 마음을 전하며 더 인내하자고 했다. 주님이 말씀하실 때까지 어디로도(다른 사역지) 움직이지 말자고 했다.

아이들은 일본어 학원에 다니게 되었고 학교는 모두의 걱정 속에서 자퇴 처리가 되었다. 성도들과 친지들은 일본학교에서 아이들의 입학을 허가하는지 알아봐야 한다고 했다. 어떤 이는

"아이들의 미래를 생각하라"고 우리 부부를 꾸짖기도 했다.

하지만 우리 부부는 주변에서 말하는 것들이 하나도 걱정되지 않았다. 주님께서 '낙심하지 말라. 불안해하지 말라'고 하시는데도 낙심하면 주님을 신뢰하지 않는 것이 된다.

우리는 완전 무지했다. 한편으로는 '그래서 가능했던 것이 아닐까?'라는 생각이 들었다. 모든 상황과 환경이 우리 가족을 힘겹게 해도 아무런 문제가 되지 않았다. 모두가 걱정하는데 정작 우리 부부는 걱정되지 않았다. 이것이 기적이 아니면 무엇이 기적일까? 만약에 걱정, 근심이 많았다면 우리는 일본행을 결단하지 못했을 것이다.

주님은 처음으로 일본에 갔던 때를 늘 기억하게 하셨다.

'주님, 사랑하는 성도들이 있어요. 아이들이 언어가 안 되어도, 모든 환경이 깜깜하고 막혔어도, 주님이면 충분해요. 주님을 신뢰합니다.'

나의 이 고백을 주님이 받아주셨다.

정말 주님이 주신 마음이었기에 주님이 하실 거라고 믿었다 (나의 이런 단순 무지함을 주님은 지금도 쓰시는 것 같다).

「하나님께서는 질그릇같은 우리 속에 이 보화를 담아주셨습니다. 이것은 그 엄청난 능력이 우리에게서 나오는 것이 아니라 하나님께로부터 나온다는 것을 보여주시려는 것입니다.

우리는 아무리 짓눌려도 찌그러지지 않고 절망 속에서도 실망하지 않으며 궁지에 몰려도 빠져나갈 길이 있으며 매를 맞아 넘어져도 죽지 않습니다.

이렇게 우리는 언제나 예수의 죽음을 몸으로 경험하고 있지만 결국 드러나는 것은 예수의 생명이 우리 몸 안에 살고있다는 사실입니다.

우리는 살아있는 동안 언제나 예수를 위해서 죽음의 위험을 겪고 있습니다. 그것은 우리의 죽을 몸에 예수의 생명이 살아있음을 드러내려는 것입니다.

이리하여 우리 속에서는 죽음이 일하고 여러분 속에서는 생명이 약동하고 있습니다.」- 고린도후서 4장 7-12절 참조

쓰나미

"하나님은 우리의 피난처시요 힘이시니 환난 중에 만날 큰 도움이시라 그러므로 땅이 변하든지 산이 흔들려 바다 가운데에 빠지든지 바닷물이 솟아나고 뛰놀든지 그것이 넘침으로 산이 흔들릴지라도 우리는 두려워하지 아니하리로다" - 시편 46장 1-3절

2011년 3월 11일은 결혼 16주년 기념일이었다.

남동생 가족과 함께 조금 이른 저녁을 먹고 있었다. 누나의 결혼기념일을 잊지 않고 맛있는 밥을 함께 하자고 한 남동생의 마음이 전해져 참으로 고마웠던 저녁이었다. 그런데 식당의 텔

레비전에서 동일본 대지진 상황이 중계되고 있었다. 일본 땅이 처참했다. 텔레비전에서 눈을 뗄 수가 없었다. 막연하게 일본에서 연락이 오겠다는 생각이 들었다. 아니나 다를까 며칠 후 일본 교회에서 연락이 왔다.

"목사님 늦어서 죄송합니다. 이제라도 오실 수 있습니까?"

그분이 전한 그동안의 교회 상황은 이러했다.

교단 문제가 해결되어 교회를 되찾은 성도들은 더 유명한 목사님을 초빙하려고 했고 이 와중에 서로 의견이 맞지 않아 진행이 계속 늦어지고 있었던 것이다. 그런데 갑자기 지진이 발생해 쓰나미가 일어나자 아무도 올 수 없게 되었고 그냥 그자리에서 기다리고 있던 우리에게 드디어 연락이 온 것이다.

"기다리고 있는데 당연히 가지요."

2011년 4월 8일. 그렇게 우리 가족은 일본 아이치캔 토요타 시로 향했다. 아이들과 나는 3개월 뒤 가족 비자가 나와서 7월 8일에 완전히 일본에서 살게 되었다(그전에는 왔다갔다 했다).

온 가족이 일본에서 살게 된 첫날 밤, 무더운 날씨였지만 우리 네 식구는 일본 다다미 방에 함께 누웠다.

'아, 정말 이 땅에 왔네! 우리가 왔구나!'라는 생각에 새삼 놀랍고 감격스럽고 감사했다. 상황이 막혀있어도 환경이 어려워도 '주님 당신이면 족합니다'라는 마음으로 순종하며 결단했더니 주님께서는 모든 환경을 이미 최선의 것으로 준비해 놓았음을 보게 하셨다.

주님이 "왜 근심하냐"며 "아무 걱정말라"고 하셨는지 알게 하셨다.

우리가 무엇을 걱정했는지 주님이 일하심으로 완전히 드러났다. 그곳에는 예쁘게 지어진 교회와 성도들이 있었다. 차가 없어서 불편하겠다고 생각했는데 8인승 하얀 복시(승합차)가 있었다. 우선은 교회 한쪽에서 자야겠다고 생각했는데 성도들이 깨끗이 청소한 아늑한 집이 있었다(심지어 아파트였다).

언어는 어떻게 배우나 걱정했는데 집 근처 외국인을 위한 자원봉사 교실에서 아이들을 위해 자원봉사 선생님을 준비해주었다. 다행히 한국을 무척 좋아하시는 선생님이라서 큰 도움이 되었다.

우리 부부는 아이들 학교 입학 문제를 상담하기 위해 나고야 교육청으로 갔다. 교육청 관계자는 "한국에 살았고 일본어가 전혀 안 되는 학생들이 일본 현지 학교에 입학하려고 했던 예가 없었다"며 "이런 일이 처음이라서 솔직히 잘 모르겠다"고 했다. 우리와 같은 경우 대부분은 국제학교로 간다고 했다.

딸은 중학교까지 의무교육이기에 언어가 안 되어도 입학이 허가되었다. 하지만 초등학교 1학년 교실에서부터 시작해야 했다. 딸은 초등학교 1학년 아이들과 함께 수업을 했다.

아침에 교복을 입고 초등학교 교문으로 들어가는 딸의 뒷모습을 보고 있으면 엄마로서 마음이 아프고 미안했다. 창피했을 텐데 불평 한마디 하지 않고 잘 따라준 딸이 참 고마웠다.

나중에 딸에게 들으니 일본 아이들이 너무 귀엽고 모두가 친절하게 잘해줘서 재미있었다고 했다.

아들은 고등학생이어서 입학이 허가되지 않았다.

언어가 되지 않는 외국인 학생을 입시로 들어가는 학교에서 입학시켜 줄 수가 없다고 했다. 이론적으로는 당연하다고 생각했다. 글을 모르는데 어떻게 고등학교 수업을 듣고 따라갈 수가 있을까?

그런데 자원봉사 선생님께서 현지 고등학교에 찾아가 언어와 학교 공부를 끝까지 지도하겠다고 약속하자 현지 학교에서 입학이 허가되었다. 몇 번 떨어지긴 했지만 기적이 아닌가!

2011년 당시 고1 아들, 중2 딸과 함께
일본으로 올 때 찍은 사진

일본어를 전혀 알아듣지 못하면서도 하루 종일 교실에 앉아 있던 아이들! 교실 중앙에 걸려있는 일장기를 보며 들리지 않는 언어를 들으며 하루 종일 의자에 앉아 있던 그때 이야기를 하면 아이들은 지금도 웃는다. 언어가 되지 않는 아이들이 일본에서 학교에 다닌다는 것 자체가 기적같은 일이었다.

태권도

일본은 7월 말이면 도시마다 '하나비'(불꽃놀이 축제)가 열린다. 우리 가족이 일본으로 이사하고 한 달 정도가 지나자 불꽃놀이 축제가 열렸다. 교회 성도들은 우리 아이들에게 "불꽃놀이에 가서 즐기고 와"라고 권했다. 그런데 축제에 다녀온 아이들의 표정이 밝지 않았다. 축제에 다녀온 아들은 아파트 단지를 한 바퀴 달리고 온다고 다시 나가기까지 했다.

몇 달이 지난 후 그 이유를 알 수 있었다.

축제에 가보니 또래의 일본 친구들이 정말 많았는데 친구들끼리 재밌게 축제를 즐기는 모습을 보니 한국에 있는 친구들이 너무 보고 싶어서 둘이 울다가 왔다고 했다. 집에 와서 아빠, 엄마를 보니까 또 눈물이 나서 아파트 단지를 달리면서 울었다고 했다.

우리가 살던 아파트 단지에는 브라질, 페루 사람이 많이 살았다. 토요타 자동차 회사가 있는 도시라서 외국인 근로자가 많은 것이다. 밤이 되면 일본 속에 또 다른 나라가 있었다. 색으로 비유할 때 일본이 회색이라면 이들은 진한 빨간색이었다.

친구들이 보고 싶었던 아들은 아파트 단지를 달리고 온다며 자주 나갔다. 한참을 달리고 나면 기분이 나아진다고 했다. 그러던 어느 날, 친구가 생겼다며 기뻐하며 들어왔다. 브라질계 일본인(료타)이었는데 같이 저녁마다 운동을 하기로 했다고 했다.

아들은 한국에서 태권도 4단 자격증을 따고 왔다. 그런데 료타로 인해 태권도 사범을 구하던 체육관에서 연락이 왔다. 아들은 좋아하는 태권도를 계속할 수 있었고 가르치는 기쁨도 알게 되었다. 이 일로 다음 해(고2) 동일본 대회에서는 우승을 하고 전 일본 대회에서는 3위를 했다. 주님이 하시니 어그러짐 없이 모든 것이 순조로웠다.

주님께서 일본으로 부르실 때의 결단과 순종이 우리 부부에게 주님에 대한 신뢰를 갖게 했고 주님께서 다시(오사카) 요구하실 때 순종할 수 있게 했다.

교회에서도 진행하고 있던 태권도 교실에서도 특별한 만남이 이뤄졌다. 미국에 사는 어느 노부부께서 일본에 사는 딸 집에 오셨다가 주일 예배를 드리러 우리 교회에 오셨는데 교회에서 태권도 교실을 하는 것을 보고는 "딸과 사위, 자녀 5명이 태권도를 배우고 싶어 찾고 있었는데 잘 되었다"라며 좋아하셨다.

다음 날 가족 7명이 태권도를 배우기 위해 교회로 왔다. 그들은 차로 5분 정도 떨어진 곳에 살고 있었는데 노부부의 사위가 나고야 신학교 총장이었고 국제로잔운동 대표였다. 당시 우리는 그저 한국계 미국인 목사 가정 정도로만 알고 있었을 뿐이다.

교회에서 매트를 깔고 태권도를 하는 모습.
도복을 입은 가족은 마이클 오 목사님과 자녀들이고 사복을 입은 가족은 일본인 아빠와 아이들이다.

"그건 태권도가 아니에요. 가라데예요."

목사님 가족이 태권도를 배웠다며 몇몇 동작을 해보이자 유심히 지켜보던 연종이가 한 말이다. 이에 마이클 오 목사님 가족은 모두 충격을 받았다. 그동안 한민족의 얼을 유지해보겠다며 배웠는데 태권도가 아닌 일본 가라데였다니 얼마나 허탈했을까? 그래서인지 온 가족이 정말 열심히 배웠다.

몇 개월이 지난 후 나고야 신학교에서 한동대 김영길 총장 초청 세미나가 있다며 우리 가족을 초청했다. 신학교는 나고야역 바로 옆에 있었는데 미국교회에서 설립하고 운영하는 학교라서 영어권 교수들이 많았다.

나고야 신학교 바로 옆에 나고야 조선초급학교가 있었다. 마이클 오 목사님은 그 학교에서 영어를 가르치고 싶은데 쉽지 않다고 말했다. 우리 부부는 당시 조선학교를 몰랐기에 평범한 한국학교인 줄만 알았다. 유명한 목사님이 영어 교육을 매개로 조선학교에 가려고 애태우던 모습이 잊혀지지 않는다.

마이클 오 목사님의 일정은 정말 바빴고 특히 해외 출장이 잦았다. 그 와중에도 태권도를 배우기 위해 정말 열심이었다. 미국에 돌아가기 전에는 조금이라도 더 배우려고 매일 우리 교회에 오셨다. 그 성실한 모습을 보며 국제로잔운동 대표직도 정말 잘 수행할 것이라고 기대했다.

동행

"또 여호와를 기뻐하라 그가 네 마음의 소원을 네게 이루어 주시리로다 네 길을 여호와께 맡기라 그를 의지하면 그가 이루시고 네 의를 빛 같이 나타내시며 네 공의를 정오의 빛 같이 하시리로다 여호와 앞에 잠잠하고 참고 기다리라 자기 길이 형통하며 악한 꾀를 이루는 자 때문에 불평하지 말지어다" - 시편 37편 4-7절

일본 선교의 부르심을 받고 일본으로 이사했지만 일상은 대전 정림동에서 살 때와 같았다. 한국에서 살 때와 똑같이 일본 토요타에서도 살아가야 했다. 언어가 다르다는 것 말고는 모든 것이 같았다. 시장보고 밥 해먹고…. 하지만 보고 싶은 사람들을 금식해야 했다. 음식만 금식하는 것이 아니고 사랑하는 사람들을 못 보는 것도 금식이라는 것을 알게 되었다. 아이들은 보고 싶은 친구들을 못 보는 것이 제일 힘든지 딸은 밤마다 이불을 뒤집어쓰고 많이 울었다.

우리가 섬기는 교회는 한국인과 일본인이 함께 예배드리는 곳이었다. 그들은 3~40년 전, 한국에서의 상처를 안고 이 땅에 와서 일본인과 결혼해 가정을 이루어 살고 있었다. 그중에는 비자를 받지 않은 채 30년을 넘게 일본 땅에 사는 할머니도 계셨다. 그래서 30년 동안 한 번도 한국에 가지 못했다고 하셨다.

성도 한 명, 한 명의 사연을 들어보면 마음 아프지 않은 이야기가 없다. 그 시대에 얼마나 힘이 들었으면 일본 땅에까지 오게 되었을까? 그들은 한국에 남겨진 자녀, 그리고 가족들을 그리워하면서도 만나지 못하고 살고 있었다.

"한국에 있는 아들은 이제 30세가 되었는데 생모가 저라는 것을 모릅니다."

"딸이 중학교 들어갈 때 입학식도 못 보고 헤어졌어요. 그 딸이 많이 아프다고 합니다."

저마다의 사연들을 들으면 아련하게 마음이 아프다.

우리가 살던 토요타는 자동차로 유명한 도시이고 외국인 근로자(브라질, 페루인이 많음)도 많았다. 그래서 일본인 여자와 결혼한 브라질 남자들도 교회에 나왔다.

'주님! 가슴 깊이 많은 상처를 안고 살아가는 일본으로 온 여성들을 따뜻한 주님의 손으로 위로하여 주세요. 이 땅에 사는 자녀들과 남편들에게 이 땅에서 맛볼 수 없는 참 평강과 안식을 경험하게 하여 주옵소서.'

일본이 땅끝이라고 생각하고 우리는 일본 땅의 영혼을 위해 주님께 먼저 기도로 부르짖었다.

'주님, 육적으로는 부자의 나라지만 영적으로는 아프리카 그 어느 나라보다도 가난한 이 땅을 불쌍히 여겨 주옵소서. 이 땅에 한국보다 250년 먼저 뿌려진 복음과 순교자들의 피 흘림을 기억하여 주옵소서. 수많은 우상이 있는 나라로 기억되고 있는 일본을 이제는 복음의 능력이 나타나는 나라로 열방이 알게하여 주옵소서.'

토요다 지역에서 찾아보기 힘든 십자가가 빨갛게 물들고 있는 모습을 바라보며 나도 모르게 이런 말이 흘러나왔다.

"우리 교회 십자가 너무 외롭겠다."

새벽에 십자가를 바라보며 '외롭겠다'라고 생각하는 나의 마음을 주님은 아실까? 뜨거운 눈물이 흘러내렸다.

"주님, 더 이상 우리 교회 십자가가 외롭게 보이지 않게 해 주세요"

일본에서의 하루가 한국에서의 한 달처럼 느껴졌다.

하루하루 살아내야 했다. 우리 네 식구는 돌똘 뭉쳐 하나가 되었다. 한국에서는 서로 바빠 얼굴보며 밥 먹을 시간도 없었는데 선교지에 오니까 가족이 하나가 되어서 좋다고 했다. 우리끼리 울고 웃고 집 앞 마트도 항상 같이 갔다. 무엇이든 우르르 함께했다. 우리 끼리 싸우면 더 외로워지니까 싸우지 말자고 손가락 걸면서 약속했다. 그렇게 일본 땅에 적응해갔다.

교회 뒷마당에 공터가 있어서 이성로 목사님이 땅을 갈아 텃밭을 만들었다. 계분도 뿌리고 도랑도 만드니 제법 밭 모양이 되었다. 매운 고추도 심고, 꽈리 고추, 오이, 가지, 상추, 배추 등을 심었다. 토요타는 한겨울에도 기온이 영상이기에 텃밭엔 언제나 야채가 있었다. 한국의 깻잎 씨를 구해서 뿌렸더니 매년 풍성한 깻잎을 먹을 수 있었다. 일본은 깻잎을 먹지 않기 때문에 구하기가 쉽지 않았다.

주일 예배 후 성도들과 먹는 점심 밥상이 풍성했다.

성도들과 맛있는 점심을 함께 나누는 것이 기뻤다. 그 당시 내가 느끼는 일본의 음식은 차가웠다. 넉넉함이 없고 개인적인 문화가 나에게는 익숙지 않았다.

주일에 교회에 오는 분들 한 분, 한 분에게는 이야기가 있었다. 늘 아련함으로 사는 어머니들, 그들을 보고사는 일본인 아버지들, 일본 땅에서 한국인도 일본인도 아닌 상태로 자라는 자녀들, 멀리 타국에 나와 돈을 버는 노동자들…. 그들을 볼 때마다 내가 할 수 있는 것으로 그들과 행복하고 싶었다. 그래서 주일이 되면 정성으로 식사를 준비했다.

'맛있는 밥을 따뜻하게 해 드려야지.'

"그 주인이 이르되 잘하였도다 착하고 충성된 종아 네가 적은 일에 충성하였으매 내가 많은 것을 네게 맡기리니 네 주인의 즐거움에 참여할지어다 하고"- 마태복음 25장 21절

어린 시절의 나를 되돌아보면 엄마와 함께 지낸 시간이 그다지 많지 않다. 엄마는 내가 중학생이 되면서 장사를 시작했으니 고작 5년 정도 엄마와 함께 살았고 그 이후 엄마와 나는 가끔 만나는 사이었다. 짧은 시간이었지만 나는 지금도 엄마가 해주던 음식의 맛을 기억한다. 그리고 지금, 나는 그 음식의 맛을 기억하면서 음식을 만들어 사랑하는 사람들과 나눠 먹는다.

어린 시절 나는 가지 나물을 좋아했다. 엄마는 어느 해 내 생일에 손으로 쭉쭉 찢어 조물조물 무친 가지나물을 많이 만들어 밥과 함께 큰 접시에 가득히 담아주셨다.

"정희야, 생일 축하해. 많이 먹어."

그날 먹었던 가지나물의 맛은 지금도 생생하고 가지나물을 볼 때면 그 생일상이 생각나 행복해진다. 과수원을 하느라 산속에 사는 동안 엄마는 자연에서 나는 것으로 간결하고 소박하지만 행복한 밥을 해주셨다.

주일 예배 후 점심 때가 되자 나는 밭에 주렁주렁 달린 가지로 가지나물을 만들었다.

"가지나물 정말 오랜만에 먹어봅니다."

밭에서 딴 꽈리 고추를 밀가루에 묻혀 수증기로 쪄낸 후 엄마에게 배운 대로 고추간장에 버무렸다.

"어릴 때 먹어보고 처음 먹어봅니다. 이것을 해주시던 할머니가 보고싶습니다."

소박하지만 정성스레 만든 음식으로 마음을 나누는 법을 알게 되었다.

어느 날, 이 땅에 온 지 30년이 지난 어머니 나이 또래의 성도 분이 한국 팥죽이 먹고 싶다고 하셨다. 그분 생일에 맞춰 팥죽을 만들었다. 나 역시 팥죽을 만들어본 적이 없어 인터넷을 보고 그대로 만들었다. 맛이 어떨까 조마조마했는데 내가 만든 팥죽을 한 수저를 드시고 미소 지으며 기뻐하시던 그분의 모습이 지금도 기억난다. 맛있는 음식은 서로를 미소짓게 하고 서로를 기쁘게 한다. 나는 내게 있는 주님의 사랑으로 맛있는 음식을 만들어 주변 분들과 함께 먹으며 사랑하는 사람들과 동행하며 이 땅에 살고 있었다.

"제자들이 듣고 몹시 놀라 이르되 그렇다면 누가 구원을 얻을 수 있으리이까 예수께서 그들을 보시며 이르시되 사람으로는 할 수 없으나 하나님으로서는 다 하실 수 있느니라" - 마태복음 19장 25-26절

3부
소망의 노래

우메다

"예수께서 빌립보 가이사랴 지방에 이르러 제자들에게 물어 이르시되 사람들이 인자를 누구라 하느냐 이르되 더러는 세례 요한, 더러는 엘리야, 어떤 이는 예레미야나 선지자 중의 하나라 하나이다 이르시되 너희는 나를 누구라 하느냐 시몬 베드로가 대답하여 이르되 주는 그리스도시요 살아 계신 하나님의 아들이시니이다 예수께서 대답하여 이르시되 바요나 시몬아 네가 복이 있도다 이를 네게 알게 한 이는 혈육이 아니요 하늘에 계신 내 아버지시니라" - 마태복음 16장 13-17절

2015년 12월 말. 나고야에서 오빠랑 지내던 딸이 겨울 방학이 되어 오사카에 왔다. 딸은 중학생 때 일본에 왔지만 다른 지역을 다녀 본 적이 없었다. 토요타 시골보다 크고 유명한 도시인 오사카에서 하고 싶은 것이 많았나 보다. 특히 우메다(오사카

에서 고급진 번화가) 여기저기를 가고 싶어했기에 우리도 어떤 곳인지 궁금해 세 식구가 함께 출발했다. 일본은 교통비가 비싸기 때문에 걸어서 가기로 했다.

오사카 거리도 보고 운동한다고 생각하니 기분 좋게 출발할 수 있었다. 오사카로 이사한 후 우리 부부는 웬만한 거리는 걸어 다녔다. 높은 빌딩을 지나 걷고 걸어서 2시간여 만에 화려한 도심 우메다 오사카역에 도착했다.

그런데 막상 도착하니 큰 건물들의 웅장함에 말을 잃고 말았다. 우리는 무엇을 해야 할지 몰라 멍하니 서 있었다. 순간 빌립보 가이사랴의 웅장한 신전들이 있는 도심 한복판에 서있는 예수님과 눈이 휘둥그레진 촌스러운 제자들이 생각났다.

2시간을 넘게 걸어오느라 피곤해진 우리는 빌딩 안으로 들어가서 앉았는데 왠지 내 스스로가 너무 초라하게 느껴졌다. 그렇게 우리 셋은 아무도 말도 없이 한참을 앉아 있었다. 2시간을 넘게 걸었더니 배가 너무 고팠다. 편의점에서 오니기리(주먹밥)를 하나씩을 사먹었다.

우메다에 가면 할 것도 많고 볼 것도 많다고 들떠있던 딸도 "그만 됐다"고 하며 아무것도 안하고 캄캄해진 거리를 다시 2시간 넘게 걸어 집으로 돌아왔다.

'주님! 하나님의 자녀가 이 땅의 화려함에 기가 눌렸어요.

초라해졌어요. 하루 종일 비참하고 힘들었어요.'

주님께 투덜거리는데 '이 땅에 사는 내가 사랑하는 조선인들 마음'이라고 하셨다. 순간 눈물이 주르르 흘렀다.

'내가 이 하루로 그들의 마음을 조금이라도 알았을까?'

'주님! 조선인들을 알고 싶습니다.'

'이들의 초라함이 어떤 것인지, 이들의 외로움이 어떤 것인지 더 알게 해주세요.'

빨갱이는 복음이 필요 없나요?

"너희가 너희를 사랑하는 자를 사랑하면 무슨 상이 있으리요 세리도 이같이 아니하느냐 또 너희가 너희 형제에게만 문안하면 남보다 더 하는 것이 무엇이냐 이방인들도 이같이 아니하느냐 그러므로 하늘에 계신 너희 아버지의 온전하심과 같이 너희도 온전하라" – 마태복음 5장 46-48절

오사카에 이주한 이후 조선인들의 존재를 한 명이라도 더 알리고 싶었다. 그동안 토요타에서는 주일 예배를 섬기느라 시간적으로 자유롭지 못해 한국에 거의 갈 수 없었는데 오랜만에 우리학교와 조선인을 알리기 위해 한국에 갔다.

2016년 1월 추운 겨울, 서울부터 도시에 있는 큰 교회들을 찾아다녔다. 예배를 마친 후 '우리에게도 문을 열어주려나'하고 기다리면서 우메다에 처음 갔을 때의 초라함을 느꼈다. '여기서도 하나님의 자녀가 참 초라하구나!'라는 생각을 했다.

담임 목사님보다는 어렵게 부목사님을 만나 우리학교와 조선인을 알리고 중보기도를 부탁하고 싶다고 전했다.

하지만 어느 한 교회도 마음을 열어 주지 않았다. 잠시 시간을 내어 조금 이야기를 듣고는 "그거 빨갱이 이야기 아닌가요?"라며 더 이상 들으려 하지 않았다. 잘못 이해하고 있었다.

그러면서 불쑥 '우리나라의 복음은 빨갱이는 들으면 안 되나 보다. 그들은 구원받으면 안 되나 보다'라는 생각이 들었다. 정치 이념 사상에 묶인 복음이 참 슬펐다. 반공 이데올로기라는 방어벽이 너무 크고 두꺼워서 열 수가 없었다. '이 길은 숨어서 가야 하는 길 인가?'라는 생각을 했다.

'주님! 당신이 드러내실 때까지 인내하며 기도하겠습니다.'

스파이

"이와 같이 성령도 우리의 연약함을 도우시나니 우리는 마땅히 기도할 바를 알지 못하나 오직 성령이 말할 수 없는 탄식으로 우리를 위하여 친히 간구하시느니라" - 로마서 8장 26절

2016년 2월, 한국에서 오사카로 돌아오고 며칠이 지나서 전화가 왔다.

"고베에 사는 안지현 선교사입니다. 한국에서 정민철 선교사님이 고베에 오셨는데 명함에 있는 전화번호로 연결을 원하셔

서 전화드렸습니다. 조선인 사역을 하시는 선교사님을 찾아가 만나고 싶은데 주소 좀 보내 주실 수 있습니까?"

지난 번 한국에 갔을 때 몇몇 사람들에게 보낸 명함 중 한 장인 듯했다. 만남을 위해 날짜와 시간을 정했다. 그런데 사정이 있어 약속 시간이 훨씬 지나서 오셨다. 약속 시간 어기는 것을 싫어하는 이성로 목사님은 계속 기다렸다. 그런데 그때 안 만났으면 어땠을까?

주님이 보내시는 사람들이니 이성로 목사님을 인내케 하셨던 것 같다. 이성로 목사님은 지금도 가끔 그때 기다린 자신이 신기하다고 말한다.

그날 이후의 모든 만남들이 정 선교사님을 통해서 시작되고 이루어지고 있다. 우리는 그분을 '하늘 나라의 스파이'라고 부른다.

한국에서 크고 작은 많은 교회를 찾아다녔는데 주님은 한 사람이면 충분하셨던 것 같다. 사실 주님은 많고 큰 것으로 일하시지 않는다. 가장 작고 적은 것으로 일하신다. 이것이 하나님의 비밀이다. 주님은 당신의 방법으로 우리의 연약함을 도와주신다.

우리는 그분들과 저녁 늦은 시간까지 주님의 사랑에 대해 이야기하며 마음을 나눴다. 그들을 향한 하나님의 마음이 무엇인지…. 헤어지기 전, 젓가락 한 쌍을 선물로 받았다.

메구미나

"그 때에 히스기야가 병들어 죽게 되니 아모스의 아들 선지자 이사야
가 나아가 그에게 이르되 여호와께서 이같이 말씀하시기를 너는 네
집에 유언하라 네가 죽고 살지 못하리라 하셨나이다 하니 히스기야
가 얼굴을 벽으로 향하고 여호와께 기도하여 이르되 여호와여 구하
오니 내가 주 앞에서 진실과 전심으로 행하며 주의 목전에서 선하게
행한 것을 기억하옵소서 하고 히스기야가 심히 통곡하니 이에 여호
와의 말씀이 이사야에게 임하여 이르시되 너는 가서 히스기야에게
이르기를 네 조상 다윗의 하나님 여호와께서 이같이 말씀하시기를
내가 네 기도를 들었고 네 눈물을 보았노라 내가 네 수한에 십오 년을
더하고" – 이사야 38장 1-5절

오사카로 이사한 후에는 차가 없었기에 많이 걸어야 했다.
그래서 좋은 것은 아니지만 운동화 하나씩을 사서 신었다. 그
리고 며칠 뒤 꿈을 꾸었다. 새로 산 운동화 한쪽에 구멍이 동그
랗게 났다. '아직 새 운동화인데…' 꿈속에서도 아쉬운 마음에
울상이 되어 있다가 잠에서 깼다.

학교 행사가 거의 주일에 있어서 예배를 드린 후에는 매번
학교로 달려갔다. 이것이 문제였는지 우리를 오사카로 오게 하
고 집을 제공해준 목사님께서 이야기를 하자고 하셨다. 목사님
께서는 죽어 있는 '화해의 집'을 살리고 싶어했다.

하지만 우리는 교회도 중요하지만 주님께서 오사카로 부르

심은 우리학교라고 생각했기에 서로 생각의 차이가 있었다. 그 렇지만 우리는 처음부터 이런 부분을 정확히 이야기하지 않았 다. 그런데 그것이 주님의 방법임을 나중에 알았다. 만약 처음 부터 이야기가 되었더라면 우리가 오사카로 오는 길이 다르 게 열렸을 지도 모른다. 아무튼 타츠미에서의 생활은 여기까지 였다.

한국의 아는 분들에게 기도 제목으로 올렸다.

현재 살고 있는 교회에서 나와야 했기에 원룸이라도 얻어서 이사를 해야했다. 그런데 교회에 소속이 안 되면 보증이 안 되 기 때문에 부동산에서는 집을 빌려 줄 수 없다고 했다. 어디든 소속이 되어야 했다.

협력교회와 단체가 없었기에 이와 같은 부분은 우리 부부가 할 수 없었다. 오사카에 있는 어느 교회든지 협력선교사로 등 록을 해야 했다. 하지만 우리학교 사역에 대해 사실대로 말하 면 어느 교회도 들어주지 않았다. 그것은 이미 토요타에서 경 험한 일이다.

그때 한국에서 연락이 왔다.

"오사카 하비키노시에 있는 일본 교회이고 한중일을 품고 기 도하는 교회이기 때문에 우리학교에서 조선인 사역을 해도 받 아 줄 수 있다"며 "한 번 찾아가 보라"고 했다.

오사카와 나라 경계에 있는 킨테츠선 전철을 타고 가야 하는 먼 거리였지만 연락을 하고 무조건 찾아갔다.

우리의 사정을 이야기한 후 당장 집을 얻어야 하니 협력선교사로 소속시켜달라고 호소했다. 그런데 "우리학교 사역은 문제가 되지 않는다"며 "다만 몇 달이라도 함께 예배하고 교제하자"고 했다. 그도 그럴 것이 처음 만난 우리를 뭘 보고 무작정 협력선교사로 인정해 주겠는가?

사방이 꽉 막힌 우리 부부는 병들어 죽게 된 히스기야를 묵상했다. 얼굴을 벽에 대고 잠잠히 기도했다.

'주님! 지금까지의 저희를 기억하여 주십시오.'

우리 부부는 잠시 한국으로 돌아왔다.

살림은 최소한의 옷가지와 책 등 필요한 것들만 챙기고 나머지는 그대로 오사카에 두고 왔다. 휴대폰도 일단 정지했다. 한국에서 지내다가 다시 일본으로 갈 방법을 찾을 생각이었다.

연단

"하나님이여 나를 구원하소서 물들이 내 영혼에까지 흘러 들어왔나이다 나는 설 곳이 없는 깊은 수렁에 빠지며 깊은 물에 들어가니 큰 물이 내게 넘치나이다 내가 부르짖음으로 피곤하여 나의 목이 마르며 나의 하나님을 바라서 나의 눈이 쇠하였나이다" - 시편 69편 1-3절

2016년 4월. 잠시 한국으로 들어온 우리는 이곳저곳을 다니며 생활했다. 안식년으로 들어온 것이 아니기에 우리의 상황을 설명하기가 쉽지 않았다. 부모님은 이번 일을 계기로 한국에서 자리 잡을 것을 원하셨다. 우리는 오사카로 빨리 돌아가기 위해 여러 가지 방법을 생각했지만 방법을 찾을 수가 없었다.

오사카에 있는 교회들 중 어느 곳에서든 우리의 사역을 이해하고 협력선교사로 인정해 주면 금방이라도 갈 수 있었다. 하지만 그길이 쉽게 열리지 않았다. 한국에서 마지막으로 사역했던 대전의 교회에 이야기한 후 선교관 센터에 방 하나를 배정받아 지내며 주님이 움직이실 때를 기다리기로 했다.

한 달, 두 달, 석 달 시간이 지나자 성도들 입에서 예배하는 우리의 뒷모습이 애잔해 보인다는 말이 나오기 시작했다. 하지만 주님은 여전히 묵묵부답이셨다.

간혹 우리를 두고 "무슨 잘못을 해서 저렇게 되었나?"라는 수군거림도 들렸다. 이제 겨우 교회에 가서 주일을 지키시는 부모님은 매일매일 걱정을 하셨다.

재정적으로 여유가 없었던 나는 아는 집에서 일을 도왔다. 어느 날 일을 마치고 밤늦은 거리를 걷는데 눈물이 멈추질 않았다.

'나 같은 것이 무슨 사모라고… 선교사라고….'

거리에 서서 나는 한 발자국도 움직일 수가 없었다.

'주님! 너무 슬퍼요. 무슨 말씀이라도 해주세요. 어떤 것이라도 해주세요. 이 슬픔을 보고 계시나요? 사람들의 수군거림을 듣고 계시나요? 주님이 하라하고, 가라해서 순종한 것인데 지금이라도 주님이 하지 말라 하시면 멈추겠습니다.'

교회 지하의 예배실에서 주님께 "어떻게 좀 해보세요"라고 소리 질러 부르짖었다.

그러던 어느 더운 여름날 전화가 울렸다. 일본 휴대폰은 모두 정지시키고 한국에서 새로 개통한 휴대폰을 쓰고 있었다. 일본 고베에 있는 안지현 선교사님으로부터 온 전화였다.

당시 안 선교사님은 미국에 계셨는데 오사카 타츠미 집에서 마지막으로 만났던 정민철 선교사께서 우리 부부와 연락이 안된다며 아무래도 무슨 일이 있는 것 같다고 해 걱정했다고 했다.

안 선교사님도 우리 부부의 연락처가 없어져서 궁금했는데 어느 날 카톡에 '고정희'라는 이름이 떠서 얼른 전화를 했다고 말했다.

나는 억울하고 비참한 마음에 하루하루가 너무 슬프고 힘이 든다고 했다. 그러자 안 선교사님께서 말씀하셨다.

"그것이 우리학교 아이들이잖아요. 우리 조선인들이잖아요. 그들이 그렇게 억울하고 비참하고 슬프잖아요. 아무도 봐주지 않고 관심이 없잖아요. 목사님, 사모님 더 비참하고 억울하셔야 돼요. 가장 바닥에서 그들을 봐라보라는 주님 마음 같아요."

그 말을 듣는데 눈물이 멈추지 않았다. 조선인들의 비참함이,

억울함이, 슬픔이 떠오르며 너무도 마음이 아파서 방바닥을 딩굴며 울었다.

'주님 좀 더 비참하게 하세요.

더 슬프게 하세요. 더 없게 하세요.

내가 그들이 되어 정말 사랑하게 해주세요.

우리학교 아이들과 조선인들을 정말 사랑하고 싶어요.'

나는 사랑을 하고 있는 줄 알았는데 내 속에 사랑이 없었다. 하지만 내가 가려는 그 길은 그들을 사랑하지 않고는 갈 수 없는 길이었다.

'주님! 당신의 그 사랑을 내게도 주세요.

세상을 이처럼 사랑하신 그 사랑을 부으소서!'

은혜의 찬송

"그러나 내게는 우리 주 예수 그리스도의 십자가 외에 결코 자랑할 것이 없으니 그리스도로 말미암아 세상이 나를 대하여 십자가에 못 박히고 내가 또한 세상을 대하여 그러하니라 이 후로는 누구든지 나를 괴롭게 하지 말라 내가 내 몸에 예수의 흔적을 지니고 있노라"- 갈라디아서 6장 14, 17절

2016년 여름 끝자락의 어느 날, 한동대를 다니는 딸이 여름방학을 마치고 학교로 돌아가기 전에 현관에서 신발을 신다가

한마디를 했다.

"나는 아빠, 엄마가 다시 일본에 가는 것을 포기하지 않았으면 좋겠어. 지금까지 해 온 거 다시 가서 했으면 좋겠어. 나는 일본에서 중학교 고등학교를 다니며 너무 힘들었지만 엄마, 아빠를 위해서 참았어. 근데 엄마, 아빠가 여기서 포기하면 내가 참아 온 학창시절이 너무 억울해."

딸의 말을 듣는 순간 '아, 주님께서 한방 먹이시나보다'라고 생각했다.

일본에서 사는 동안 은송이의 스트레스가 얼마나 심했는지 지금도 그 흔적이 남아있다. 흔적은 말을 한다. 우리 예수님께서도 그러셨듯이….

이 말을 듣고 이성로 목사님은 '노숙을 하더라도 일단은 오사카로 가야겠다'고 생각했다. 내 생각에도 우리학교 아이들을 너무 오랫동안 안 보면 안 될 것 같았다.

9월에 출발하는 것으로 오사카행 비행기표를 예약했다.

그런데 출발 며칠 전 고베에 있는 안 선교사님으로부터 전화가 왔다. "숙박할 곳이 없으시면 고베로 오세요"라고 말씀하셨다. 우리에게 안 선교사님은 루디아 같은 분이다. 주님은 우리에게 노숙의 은혜는 주지 않으셨다.

딸 은송이는 중학교, 고등학교를 일본학교에서 다녔다.

한국 사람인 것이 좋다고 말한 은송이는 수업 중 역사 시간이 가장 힘들었다고 했다. 역사 수업이 끝나면 일본 친구들이 몰려와 "선생님은 네가 한국에서 온 걸 아는데…. 우리가 미안해"라며 위로를 해주었다고 한다.

어느 날은 학교에서 돌아온 은송이가 속이 상했는지 울고 있었다.

"일본이 우리나라 때문에 잘 살게 되었대. 우리나라가 전쟁이 나서 일본경제가 살아났다고 역사선생님이 말했어."

울며 이야기하는 은송이에게 말했다.

"이제 우리나라도 잘 살잖아. 이 모든 것은 하나님의 주권아래 있는거야. 그렇다고 일본을 미워하면 안돼."

어릴 때부터 피아노 치는 것을 좋아했던 은송이는 피아니스트가 되겠다고 했다. 우리 부부는 처음 일본으로 올 때 은송이가 치던 피아노를 가지고 왔다. 그 후 친구 같던 피아노를 팔고 작은 키보드를 사주었다.

은송이는 지금 한동대학교 주일 채플에서 피아노 반주를 한다. 수많은 학생들이 올려드리는 찬송이 하나가 되도록 두 손으로 담아내고 있다.

주님의 시간

"내가 여호와를 기다리고 기다렸더니 귀를 기울이사 나의 부르짖음을 들으셨도다 나를 기가 막힐 웅덩이와 수렁에서 끌어올리시고 내 발을 반석 위에 두사 내 걸음을 견고하게 하셨도다 새 노래 곧 우리 하나님께 올릴 찬송을 내 입에 두셨으니 많은 사람이 보고 두려워하여 여호와를 의지하리로다" - 시편 40편 1-3절

2016년 10월 초. 2주 일정으로 미국 메릴랜드에 가게 되었다. 메릴랜드 교회의 교포들이 일본에서 힘들게 사는 조선인들을 위해 사역을 하는 우리 부부를 보고 싶다고 초청했다. 메릴랜드 교회는 고베에 계신 안지현 선교사님의 동생 부부가 섬기는 교회다. 미국에서 유색인종으로 살면서 겪는 어려움이 일본에 있는 조선인들의 아픔을 이해하게 한 것 같았다.

주일 예배 중에 주님이 임재하셨다.
한 번도 경험하지 못한 것이기에 처음엔 무엇인지 잘 몰랐다.
찬양을 하고 있는데 갑자기 영화를 보듯이 영상이 보였다. 어린(7-8세) 나이의 내가 주님과 놀고 있었다. 안기기도 하고 옆에 앉아 있기도 하고 함께 땅바닥에 그림도 그리는 등 무엇을 하든 주님과 함께 놀고 있었다. 그때의 마음을 어떻게 표현해야 할까? 아마도 다음날 소풍을 기다리는 아이의 마음보다 몇

배는 더 설레고 황홀했던 것 같다. 사랑하는 사람과 있는 것만으로 너무 설레서 가슴이 터질 것 같았다.

그러다가 눈물이 나서 계속 울었다. 내 속에 그렇게 눈물이 많은 것을 처음 알았을 만큼 엄청나게 울었다.

"정희야 나하고 노니까 좋지?"라고 주님이 물었다.

"네. 너무 좋아요."

주님은 그동안 이렇게 좋은 주님과 교제하지 않고 살았음을 알게 하셨다. 주님은 단지 나하고 놀기를 원하신건데 나는 주님일을 한다며 주님과 상관없이 바빴다. 주님은 이런 나를 계속 회개하게 하셨다.

"내 안에 거하라 나도 너희 안에 거하리라 가지가 포도나무에 붙어 있지 아니하면 스스로 열매를 맺을 수 없음 같이 너희도 내 안에 있지 아니하면 그러하리라" – 요한복음 15장 4절

주님은 주님과의 관계를 회복하기를 원하셨다.

주님은 내가 주님 곁에 포도나무와 가지처럼 있기를 바라셨다. 그러면 풍성히 하시는 것은 주님이 하실 일이라고 하신다. 우리학교와 조선인을 위해서 내가 무언가를 하려고 애쓰기 보다 그냥 주님과 놀라고 하셨다. 주님은 이것을 알게 하셨다.

미국에서 돌아온 후 여기저기서 연락이 오기 시작했다.

15년 전부터 우리학교 아이들을 위해 기도하고 계신 문혜인 선교사님이 경상도 청도에서 대전까지 찾아와서 우리와 교제를 하고 가셨다. 문 선교사님은 정민철 선교사님으로부터 우리

이야기를 들었다고 하셨다. 그리고 15년 전부터 우리학교를 위해 기도하고 있는 사람들이 있다며 만남을 열어주셨다.

"하나님이 모든 것을 지으시되 때를 따라 아름답게 하셨고 또 사람들에게는 영원을 사모하는 마음을 주셨느니라 그러나 하나님이 하시는 일의 시종을 사람으로 측량할 수 없게 하셨도다" – 전도서 3장 11절

거룩이 무엇이라고 생각하세요?

"예수께서 들으시고 이르시되 건강한 자에게는 의사가 쓸 데 없고 병든 자에게라야 쓸 데 있느니라 너희는 가서 내가 긍휼을 원하고 제사를 원하지 아니하노라 하신 뜻이 무엇인지 배우라 나는 의인을 부르러 온 것이 아니요 죄인을 부르러 왔노라 하시니라" – 마태복음 9장 12-13절

2016년 10월. 문혜인 선교사님으로부터 우리 부부 이야기를 들었다며 한 부부가 만나러 오겠다고 연락이 왔다. 그 당시 우리는 대전에 머물고 있었다.

서천에서 대전까지, 그것도 남편되시는 분은 직장에 휴가를 내면서까지 만나러 오신다고 하니 어떤 부부인지 기다려졌다.

우리는 아무도 알아주지 않고 환영해주지 않는 우리학교 선교사이다. 예전부터 가깝게 지냈던 지인들조차도 일본에서 우리학교 선교를 한다고 하면 우리를 피하고 부담스러워했다.

그런데 일부러 만나고 싶다고 달려오는 부부라니 너무도 궁금했다. 그들은 우리의 생각보다 젊은 30대 중후반이었다. 이스라엘을 품고, 우리학교 아이들을 기도하는 부부라고 했다.

일본에 사는 조선인들을 위해 선교하는 선교사가 있다는 것을 알고 믿지 않았다고 했다.

"선교사님, 거룩이 무엇이라고 생각하세요?"

"네? 거룩이 뭐냐구요?"

선뜻 대답하지 못하자 질문한 부부가 스스로 답을 했다.

"선교사님, 저희 부부에게 예쁜 딸이 있었어요. 그런데 태어난 지 70일 만에 하늘나라로 갔어요. 우리는 그 아이를 이스라엘 땅에 묻고 왔어요. 그리고 그 아이에게「엄마, 아빠는 꼭 이스라엘로 올거야. 그러니까 기다려줘~!」라고 약속했어요.

선교사님, 저희가 생각하는 거룩은 얌전히 앉아서 책을 읽는 사람들이 아니라고 생각해요. 예수님을 보세요. 예수님은 고아와 과부를 사랑하시고, 약하고 아프고 가난한 자들과 함께 먹고 마시며 피부가 문들어지고 고름이 나는 병든 자들에게 손을 대며 고쳐 주셨잖아요. 저희는 그것이 거룩이라고 생각해요.

선교사님 부부가 지금 일본에서 아무도 만나주지 않고 관심도 가져주지 않는 그들을 만나 그들과 함께 울고 함께 웃으며 살고 계시잖아요. 그것이 거룩 아닐까요?"

"하나님 아버지 앞에서 정결하고 더러움이 없는 경건은 곧 고아와 과부를 그 환난중에 돌보고 또 자기를 지켜 세속에 물들지 아니하는 그

것이니라" - 야고보서 1장 27절

그때까지 몸과 마음이 지칠대로 지쳐있던 우리 부부는 30대 부부를 만난 후 엄청난 힘을 얻게 되었다. 헤어질 때 우리는 기타를 선물로 받았다. 그 기타는 일본 땅에서 주님을 찬양하는 악기로 쓰임 받고 있다.

다른 복음은 없다

"내가 복음을 부끄러워하지 아니하노니 이 복음은 모든 믿는 자에게 구원을 주시는 하나님의 능력이 됨이라 먼저는 유대인에게요 그리고 헬라인에게로다 복음에는 하나님의 의가 나타나서 믿음으로 믿음에 이르게 하나니 기록된 바 오직 의인은 믿음으로 말미암아 살리라 함과 같으니라" - 로마서 1장 16-17절

2016년 12월. 우리는 한국에 있었다.

대전 대덕연구단지의 아파트 단지에 있는 학원에서 연락이 왔다. 겨울방학 때 학원 아이들을 데리고 일본 오사카로 아웃리치를 가려고 한다면서 만나자고 했다.

우리 부부를 어떻게 알고 연락을 했냐고 물으니 우리의 소식을 알고 있던 '순회선교단'에서 연결해주었다고 했다. 우리 부부는 '순회선교단'의 훈련을 받은 후 계속 교제하며 지내고 있

었다. 학생들은 초등학생부터 고등학생까지로 구성되어 있었다. 아이들이 학원에 오면 말씀기도(QT)를 한 시간 하고 선포하고 공부를 시작하는 학원이었다. 그렇게 훈련된 아이들인지라 사설학원 아이들이지만 복음으로 충만했다.

"복음으로 충분하다"는 아이들의 고백이 그들의 삶에 실제가 되어 감사하며 사는 모습에 우리 부부는 감동을 받았다. 그리고 그들은 생각보다 엄청난 팀이었다. 오사카로 가서 다시 시작해야 하는 우리 부부에게 꼭 필요한 사람들이었다. 주님께서는 이와같은 이유로 우리를 그들과 만나게 하셨다.

2017년 새해 첫 주를 보내고 아웃리치를 갔다.

우리학교 아이들과의 만남은 주님이 구별해서 보내셨다. 당시 우리학교는 겨울방학이 끝나고 3학기가 시작되는 시점이었다. 복음으로 충만한 아이들이 우리학교 아이들을 만나면 어떤 일이 일어날지 궁금했다. 그리고 한편으로는 복음이 들어가도 되는지 겁도 났다. 아직은 빠르다고, 안 된다는 생각도 들었다.

그러나 내 마음을 읽으신 주님께서 "괜찮다"고 보내셨다.

첫 우리학교는 타츠미에 있는 히가시 중급조선학

대전 학원팀과 함께

교로 정했다. 우리학교 아이들과 한국에서 온 친구들은 서로 마음을 열고 놀랄 만큼 빠르게 친해졌다. 아이들은 정말 어른들과 다르다. 사상도 없고 걱정도 없다. 단지 친구일 뿐이다. 언어가 같으니 금방 대화가 되고 소통이 되었다. 교실과 교실을 다니며 좋아하는 모습을 보니 감격스러웠다. 특히 우리학교 아이들이 너무 좋아해서 좋았다. 즐거워하고 행복해서 참 좋았다.

한국친구들이 운동장에서 춤과 노래(위쉽)를 한다니까 전교생과 선생님들이 모두 운동장으로 나왔다. 찬양이 흐르자 아이들은 춤을 추었다. 200명이 넘는 아이들 앞에서 '위대하신 주' 찬양과 위쉽을 했다. 모두 박수로 함께했다.

그들은 한국 친구들이 하는 노래와 춤이 무슨 의미인지 잘 모를 수도 있다. 그래도 이대로 좋지 않은가!

우리학교는 축제 분위기가 되었고 모두들 정말 행복해했다. 우리학교들끼리 연합하는 것 말고는, 다른 누군가 와서 섬겨주는 것이 없던 우리학교는 이 작은 섬김에도 너무 좋아했다. 나는 생각했다.

'주님은 얼마나 더 기쁘실까! 이곳에 찬양이 울리다니!'

우리학교에 복음을 전하는 것을 두고 '아직은 복음은 위험하다고, 좀 더 시간이 지나고 전해야된다'고 생각했다. 그래서 늘 떡과 복음이 아닌 떡만 들고 갔다. 떡으로 그들을 기쁘게 하려

고 했다. 하지만 주님은 다른 복음은 아니라고 하셨다. 주님은
복음이면 충분하다고 매일 결단하며 선포하는 아이들을 통해
주님이 일하심을 보여주셨다. 그리고 이제 복음과 함께 시작하
라고 하셨다.

누구도 관심 없던 땅에 복음이 전해지고 있었다. 이것을 시
작으로 믿는 자들의 발길이 우리학교에 계속되고 있다.

"…보라 지금은 은혜 받을 만한 때요 보라 지금은 구원의 날이로다" –
고린도후서 6장 2절

다시 오사카

"나의 영혼이 잠잠히 하나님만 바람이여 나의 구원이 그에게서 나오
는도다 오직 그만이 나의 반석이시요 나의 구원이시요 나의 요새이
시니 내가 크게 흔들리지 아니하리로다" – 시편 62편 1-2절

2017년 1월. 대전학원 학생팀이 우리학교 방문을 마치고 주
일 예배를 드리러 오사카 남쪽 끝에 있는 메구미나 교회로 갔
다. 일본을 떠나기 전에 방문했을 때 우리학교와 조선인을 위
해 기도하는 우리 부부가 돌아오기를 기다리겠다고 한 교회다.
메구미나 교회는 일본인 성도들로 구성된 일본 교회다.

성도들은 고맙게도 우리 부부를 기억하고 있었다.

우리에게는 그것이 더 없는 위로가 되었다. 한국에서 준비해

온 떡볶이와 잡채로 성도들과 점심을 맛있게 먹고 교제도 풍성히 가졌다. 성도들이 기뻐했다.

교제 가운데 유우코 상(일본 교회 성도)이 "아직도 일본으로 돌아오지 못했냐?"고 물었다. 유우코 상은 오사카 마츠바라에 비어 있는 집이 있는데 우리 부부가 와서 사용해도 된다고 했다. 그리고 소속 문제는 성도들과 함께 예배하고 교제하면서 지내다 보면 해결되지 않겠냐고 했다.

비자는 아직 기한이 남아있었기에 우리는 쉴 방 하나만 있으면 족했다. 이렇게 주님이 일하심에 너무 감사하고 놀라웠다. 팀과의 아웃리치 일정을 마치고 한국으로 돌아왔다.

마츠바라

"내게 줄로 재어 준 구역은 아름다운 곳에 있음이여 나의 기업이 실로 아름답도다" - 시편 16편 6절

2017년 3월 2일.

11개월 동안의 한국 삶을 정리하고 오사카 마츠바라시로 갔다. 저녁 늦게 도착해 피곤했던 우리는 바로 잠자리에 들었다. 꽃샘추위로 날씨는 추웠지만 유우코 상이 가져다준 두꺼운 이불 덕분에 따뜻하게 잤다. 어차피 전기, 수도, 가스가 다음날 들

어오기 때문에 할 수 있는 건 아무것도 없었다.

우리가 사는 곳은 50년 전에 지어진 2층으로 된 전통 일본 주택이었다. 모든 바닥은 다다미로 되었고 방 가운데 큰 불당이 있다. 일본은 집집마다 신을 모시는 불당이 하나씩은 꼭 있는데 우리가 집에서 본 불당은 커도 너무 컸다. 우리는 그것도 모르고 잤다. 주님이 너무 꿀잠을 자게 해주셔서 감사했다.

그 집은 몸이 아프신 할머니 집인데 몇 년 전부터 요양원에 계시기에 우리에게 허락이 된 집이었다. 그 집에는 할머니가 쓰시던 살림이 그대로 있었다. 불당은 화장실 뒤쪽으로 옮긴 후에 커튼으로 가렸다.

3년 정도 아무도 살지 않아 청소할 것이 많았지만 대신 아무것도 구비할 필요 없이 모든 것이 준비되어 있었다.

이처럼 세밀하신 주님께 어찌 감사하지 않을 수 있을까.

타츠미에서 아무것도 챙기지 못하고 나오게 되어 내심 남아 있는 살림이 생각나 속상했는데 '속상한 마음 내가 안다' 하시듯 주님이 더 완벽하게 마련해주셨다.

주님은 내가 생각하는 것보다 더 놀랍게 일하신다. 주님의 은사와 부르심에는 후회함이 없다.

일본은 지진이 자주 일어나기 때문에 베란다에 창문이 없다. 그래도 빨래를 널어야기에 지붕은 있어야 한다. 그런데 우리 집은 너무 오래돼서 베란다 지붕이 다 떨어져 나가고 없었다. 나는 빨래를 널고 나면 비가 오지 않을까 걱정하곤 했다.

메구미 교회 성도님들이 집에 와서 예배를 드렸다.

아마도 낡은 집을 어떻게 쓰는지 걱정이 되어 오신 모양이다. 그 주일, 예배를 마치고 나오려는데 봉투를 하나 주셨다.

봉투 겉면에는 '이성로 선생님 집 에어컨과 베란다 지붕 헌금'이라고 쓰여 있었다. 일본은 물가가 참 비싸다. 그리고 오사카의 여름은 습하고 무척 덥다. 이제 막 이주한 우리 가족이 더위에 힘들까봐 다가올 여름 시원하게 지내라고 에어컨 설치비까지 생각해서 헌금하셨다.

마음으로는 너무도 감사했다. 그러나 한국 사람이 아닌 일본 사람한테 그런 섬김을 받는 것이 어색했기에 '이래도 괜찮은 건지…' 계속 물었다.

그러자 메구챠에 있는 모든 성도들의 마음이라며 받으라고 하셨다. 주님은 우리를 다시 오사카로 부르면서 이렇게 위로까지 하시고 선물까지 하셨다.

열심히 쓸고 닦았더니 나무로 지은 집 특유의 분위기가 느껴져 좋았다. '주님께서는 내가 이런 집을 좋아하는 걸 아셨구나!'라고 생각하니 감사한 마음이 절로 나왔다.

주님! 운치 있는 집을 주셔서 감사합니다.

그렇게 우리는 다시 오사카로 심겨졌다.

4부

평화의 노래

사랑의 메아리

"땅 끝에 사는 자가 주의 징조를 두려워하나이다 주께서 아침 되는 것
과 저녁 되는 것을 즐거워하게 하시며 땅을 돌보사 물을 대어 심히 윤
택하게 하시며 하나님의 강에 물이 가득하게 하시고 이같이 땅을 예
비하신 후에 그들에게 곡식을 주시나이다 주께서 밭고랑에 물을 넉
넉히 대사 그 이랑을 평평하게 하시며 또 단비로 부드럽게 하시고 그
싹에 복을 주시나이다" – 시편 65편 8-10절

2016년 11월. 정말 놀라운 일이 발생했다.

이곳에 우리만 있어서 너무 외롭다 생각했는데 주님이 때가
되매 이렇게 모두를 만나게 하셨다.

고 조은령 감독님의 아버지, 어머니, 조은령 감독과 함께 우
리학교 아이들을 사랑했던 사람들을 만났다. 우리는 이때까지
고 조은령 감독을 잘 몰랐다. 고 조은령 감독은 나와 같은 해에

태어났다.

일본에서 조선인으로서 정체성을 지키기 위해 싸우는 그들의 영혼을 위로해 주고 싶었던 조은령!

우리 말과 글을 지켜온 그들의 자랑스러운 역사를 알리는 메신저로 헌신하고 싶었던 조은령!

뉴욕에서 영화 공부를 한 유능한 인재가 우리학교 아이들을 너무 사랑해서, 아이들과 함께 먹고 자며, 이 아이들을 세상에 알리고자 발버둥 친 청년 조은령.

하지만 그는 2003년 4월 하나님의 부르심을 받았다.

그녀의 유골은 홋카이도에 있는 우리학교에 반, 그리고 오사카 히가시 중급학교에 반이 묻혀 있다.

다음은 고 조은령 감독의 추모집 「프론티어」의 글이다.

「한국 사람들이 보더라도, 재일동포들이 보더라도, 한민족이 아닌 관객들이 보더라도 공감할 수 있을 만큼 완성도 높은 영화를 만들고 싶다.

조선학교의 피상적인 겉모습을 넘어서 조선학교에 다니고 있는 초롱초롱한 눈망울을 지닌 아이들의 꿈을 영화에 담고 싶다.

그 아이들의 할아버지, 할머니, 아버지, 어머니들이 어떠한 대가를 치르며 학교를 지켜오고 민족을 지켜왔는지 그 생생한 목소리를 기록하고 싶다.」

그때부터 함께 모여 기도하던 사람들을 드디어 우리 부부가 만났다. 하나님이 정한 때가 되니까 각자의 자리에서 순종함으로 모든 자들을 모으셨다. 그렇게 우리학교 아이들을 위한 모임 '하나를 위한 교육'이 만들어졌다. 고 조은령 감독과 한때 신앙생활을 같이 했던 서강대학교 이승엽 교수님께서 주도하셨다.

각자의 자리에서 조선학교와 아이들을 위해서 기도하는 사람들이다.
고 조은령 감독의 아버지, 어머니도 함께 있다.
'하나를 위한 교육' 회원들의 첫 만남은 서울역에 있는 한식당에서
시작되었다.

밀알 하나

"내가 진실로 진실로 너희에게 이르노니 한 알의 밀이 땅에 떨어져 죽지 아니하면 한 알 그대로 있고 죽으면 많은 열매를 맺느니라" – 요한복음 12장 24절

2017년 5월. 우리학교를 위해 기도하는 사람들이 (하나를 위한 교육) 오사카에 있는 우리학교를 방문했다.

고 조은령 감독의 아버지와 어머니도 오셨는데 "14년 전 딸이 사망한 후 한 번도 일본에 오지 않았다"라고 말했다. 두 분은 은령이와 동갑인 나를 만날 때면 딸처럼 이뻐해 주신다.

젊은 시절 일본에서 살았던 두 분은 일본어를 잘하신다.

딸의 죽음이 억울하고 슬픔이 크셨던 부모님은 14년이 지난 후에야 딸의 유골이 묻혀 있는 오사카에 발을 딛으셨다. 두 분을 보면서 한 알의 밀알이 심겨져 더 풍성히 일하시는 주님을 느낀다.

당시 조은령 감독이 우리학교 영상을 찍을 때 도움을 주셨고, 조 감독을 아끼셨던 선생님은 모든 학교와 선생님에게 우리가 하고자 하는 일에 잘 협조해 줄 것을 당부하셨다.

그런 협조가 없었다면 우린 학교를 다니며 지부와 교장선생님의 허락을 받는 번거로움을 감수해야 했을 것이다. 이와 같은 문제를 한 번에 해결해 주시는 주님!

모두가 두려워하고 쉽게 발걸음 하기 어려워하는 우리학교에 마음껏 갈 수 있도록 주님이 길을 열어 주셨다.

이성로 목사님을 잘 도와 협력하라고 신문에도 기사를 실었다.

두려움과 정치적 이념으로 닫혀 있던 곳에 복음이 들어가도록 문이 열렸다.

14년 전에 한 알의 작은 씨앗이 심겼는데 그 씨앗을 모두에게 기억나게 하셨다.

'주님! 학교를 사랑하고 기도하며 방문하는 모든 사람을 통해 우리학교 아이들과 선생님들의 영혼에 그리스도의 사랑이 흐르게 하옵소서.

주님의 십자가의 보혈로 모든 영혼을 덮어 주소서.

우리는 할 수 없으나 주님은 하실 수 있습니다.'

기다림

"여호와의 말씀이니라 너희를 향한 나의 생각을 내가 아나니 평안이요 재앙이 아니니라 너희에게 미래와 희망을 주는 것이니라" – 예레미야 29장 11절

2018년 3월. 타츠미에 있던 히가시 중급 조선학교가 마지막 졸업식을 했다.

이 학교는 오사카에서 가장 크고 학생 수가 많다. 운동장도 크고 건물도 컸다. 일본 정부는 학교 땅을 원했고 학교를 팔면 운영으로 어려운 많은 우리학교를 살릴 수 있었다. 히가시 중급학교는 조선고급학교로 흡수되어 오사카 조선중고급학교가 되었다.

그런데 히가시 중급학교에는 고 조은령 감독의 유골이 묻혀 있었다. 조 감독의 아버지, 어머니와 하나를 위한 교육팀, 조이풀교회팀이 함께 와서 유골을 오사카 조선고급학교로 옮겼다.

"너는 나를 도장 같이 마음에 품고 도장 같이 팔에 두라 사랑은 죽음 같이 강하고 질투는 스올 같이 잔인하며 불길 같이 일어나니 그 기세가 여호와의 불과 같으니라" - 아가 8장 6절

더 사랑

"하나님이 우리를 사랑하시는 사랑을 우리가 알고 믿었노니 하나님은 사랑이시라 사랑 안에 거하는 자는 하나님 안에 거하고 하나님도 그의 안에 거하시느니라" - 요한1서 4장 16절

2017년 6월. 미국 메릴랜드에 있는 교회에서 우리학교 아이들을 만나기 위해 학생들과 엄마들이 왔다. 2016년 10월에 우리 부부가 하나님의 은혜로 미국에 갔을 때 만났던 한인교회 성도들이다.

미국 땅에서 살며 유색인종으로 받았던 차별과 아픔이 있는 그들은 일본 땅에서 불평등하게 살고 있는 조선인들을 너무 잘 이해해 주었다.

운동장에서 함께 어울려 재미있게 노는 그들의 모습은 마치 오랫동안 잘 알고 지내던 사이 같았다. 조선학교를 알리다 보

면 이상한 점을 느낄 때가 많다. 서로 사는 나라는 다르지만 생김새가 닮아서인지 이해의 속도가 빠를 때가 있다. 한국에 사는 사람들보다 해외에 사는 동포들이 더 잘 이해하고 마음으로 받아들이는 듯하다.

단순히 동병상련(同病相憐)이라는 이유에서일까? 잘은 모르지만 더 많은 이유가 있을 것 같다. 해외에 사는 1.5세, 2세, 3세들은 조선아이들에 대한 선입견이 없다. 알고 있는 지식과 선입견이 없으니 그냥 사람과 사람으로 만나는 것이 자연스러운 것 같다.

심지어 미국에서 온 학생들은 한국말을 거의 하지 못함에도 우리학교 아이들과 빨리 가까워졌다. 어른들의 편견이 얼마나 무섭고 차별이 얼마나 아픔이 되는 지를 알게 해주었다.

미국을 비롯해 캐나다, 호주에서도 우리학교 아이들을 만나러 학생들이 오고 있다. 그들은 요즘 세상에 이런 학교가 존재한다는 사실에 놀라곤 한다.

학교를 방문한 어머니 한 분이 이런 말을 했다.

"조선학교를 세계 기네스북에 올려야 해요!"

70년이 넘도록 해외에서 살아가는 사람들이 고국의 언어를 기억하고 사용하며 산다는 것은 기적이라고 했다.

'해외에서 1.5세가 넘어가면 대부분의 자녀들은 모국어를 잊어버리는 것이 보통인데, 조선학교 아이들은 어떻게 5대째 살

면서 모국어를 잊지 않고 살아갈 수 있는가?'에 대해 신기해
했다.

메릴랜드에서 온 학생들 역시 부모가 한국인임에도 한국어
를 잘 못했다. 그러기에 일본 땅에서 우리말을 배우고 지키는
우리학교 아이들이 놀라웠고 이들이 조선인으로 살아가는 것
을 보며 신기해했다.

메릴랜드 학생들은 찬양콘서트를 준비해 왔다.

우리학교 학생들도 미국에서 온 친구들이 콘서트를 준비한
것을 알고 기대감에 좋아했다.

모든 아이들과 선생님들이 운동장에 모여 즐거운 시간을 함
께 했다. 대부분의 찬양이 영어였지만 악기와 목소리로 하나님
을 찬양하는 뜻깊은 시간이었다.

한참 찬양이 울리는 가운데 운동장 한쪽에 가만히 서있던 선
생님이 내 옆으로 다가왔다. 그 선생님은 크리스천이 아니다.

그래서인지 "이런 것을
하면 어떤 보상이 있나
요? 아무 보상도 없다면
왜 이렇게까지 하나요?"
라고 물었다.

나는 "이 분들은 우리
학교 아이들과 선생님들
을 사랑해서 멀리 미국에

미국에서 온 아이들이 콘서트를 한다고 하니까
운동장으로, 교실 창문으로 우리학교 아이들이
모여들었다.

서 왔어요. 이 분들의 방문과 찬양이 너무도 고맙죠. 하지만 우리가 드리는 사랑과는 비교도 안되게 더 많이 여러분을 사랑하는 분이 있어요"라고 말했다. 그 선생님은 내 말을 이해하셨는지 고개를 끄덕이셨다.

예수님을 영접한 OO조선학교 선생님과 교제를 한 적이 있다. 학교 일로 오사카 모임에 참석하게 됐는데 온 김에 주일 예배를 함께 드리고 싶다며 연락이 왔다.

우리가 섬기고 있는 일본교회(메구챠)에서 함께 예배를 드렸다. 그리고는 잠깐 일본 성도들에게 조선학교 선생님으로 예수님을 영접할 당시의 마음을 나누는 시간이 있었다.

선생님은 평소 "김일성 장군님이 주인이라고 생각하고 살았는데 어느 날 예수님을 주인으로 바꾼다는 것이 너무 무섭고 두려웠습니다. 도저히 용기가 나지 않았고 정말 이렇게 해도 괜찮을까? 자꾸 의심이 생겼습니다."

그러던 어느 날 "예수님은 나를 사랑하시어 나를 위해 죽으시고 부활하시어 나의 주가 되심이 그냥 고백되어졌다"고 했다. 선생님은 이제 자신의 주인이 김일성 장군이 아니라 예수님이라고 당당히 고백하며 살아가고 있었다.

그 간증을 들으면서 나는 두 가지 사실에 놀랐다.

하나는 일본 땅에 살면서도 김일성을 주인삼고 살고 있음에 놀랐고, 또 하나는 그를 그렇게 쉽게 버리는 것에 더 놀랐다.

그리고 그렇게 쉽게 버리게 하실 수 있는 능력이 복음이라는 것을 깨달으며 주님이 하시면 된다는 사실에 새삼 놀랐다.

선생님의 주인이 바뀐 것처럼 우리학교 아이들과 선생님들, 그리고 부모님들의 주인도 예수님으로 바뀌길 기도했다. 더 나아가 60만 명의 조선인들의 주인이 예수님이 되기를 기도했다.

메릴랜드 교회의 우리학교 방문 후에 조선학교 학생들과 그들의 부모를 위한 중보기도 모임이 생겼다.

"롯이 아브람을 떠난 후에 여호와께서 아브람에게 이르시되 너는 눈을 들어 너 있는 곳에서 북쪽과 남쪽 그리고 동쪽과 서쪽을 바라보라"
– 창세기 13장 14절

이런 소식을 들은 독일의 어느 교회에서는 예배 중간에 갑자기 조선학교를 위해 헌금을 해서 "학교를 위해 사용해달라"며 헌금을 보내오기도 했다.

서독과 동독의 분단의 아픔이 있기에 독일 사람들은 북한과 한국의 사정을 잘 알고 일본의 조선인들을 누구보다도 잘 이해한다. 독일의 크리스천은 그리스도의 사랑으로 조선을 품고 있다. 조선인들에게 손을 내밀어 주는 해외 동포와 나라가 있다는 것에 감사하다.

한민족인 한국의 교회가 이들을 안아줬으면 더 좋겠다고 생각한다. 언어가 같고 고향이 같고 문화와 뿌리가 같은 우리 대한민국이 이들을 바라보면 좋겠다는 마음이다.

"하늘에 계시는 주여 내가 눈을 들어 주께 향하나이다 상전의 손을 바라보는 종들의 눈 같이, 여주인의 손을 바라보는 여종의 눈 같이 우리의 눈이 여호와 우리 하나님을 바라보며 우리에게 은혜 베풀어 주시기를 기다리나이다" - 시편 123편 1-2절

'주님! 한국 교회가 이들을 바라보게 해주세요.'

작은 겨자씨

"또 비유를 들어 이르시되 천국은 마치 사람이 자기 밭에 갖다 심은 겨자씨 한 알 같으니 이는 모든 씨보다 작은 것이로되 자란 후에는 풀보다 커서 나무가 되매 공중의 새들이 와서 그 가지에 깃들이느니라"
- 마태복음 13장 31-32절

우리학교에는 믿는 자들의 발걸음이 계속되고 있다.

오사카에 있는 우리학교 중 가장 작고 열악한 학교가 후쿠시마 초급학교이다. 우리 부부는 여러 학교를 가지만 가장 마음 편하게 찾아갈 수 있는 학교가 후쿠시마 초급학교이다. 가장 작은 학교에 마음이 갔다.

언젠가 크리스마스 행사에 다녀온 적이 있다. 아이들을 행복하게 해주고 싶은 아빠, 엄마들의 마음이 느껴졌다. 그날 우리는 춥고 허름한 강당에서 아이들이 정성껏 준비한 노래와 춤으

로 서로 기쁨을 나누었다.

엄마들이 만든 카레밥을 나누어 먹으며 따뜻함을 나누었다. 매일 보는 선생님들과 친구들의 아빠, 엄마들이 한자리에 모여서 함께 웃었다.

'주님, 이들에게 좋은 걸 주고 싶은데 가진 것이 없어요.'

기도가 저절로 나왔다.

마음으로 준비한 선물 하나씩을 받고는 고맙다는 인사를 몇 번씩이나 하는 아이들에게 선물이 너무 작아서 미안했다. 크리스마스인데 더 풍성하면 좋을 텐데….

'주님, 제가 부유해서 저 아이들에게 큰 선물을 주고 싶어요.'

집으로 돌아오는 길, 차 안에서 이유 모를 미안한 마음이 들어서 혼자 슬퍼졌다.

그러나 정작 주님은 '그것으로 충분하다. 그 사랑으로 충분하다'고 하셨다.

'천국은 겨자씨 한 알 같단다. 그것이 얼마나 작으냐'라고 주님이 위로해 주셨다.

학교를 유지하기 위해서는 재정이 필요하기에 엄마들은 주말마다 음식 바자회를 열어 재정을 만들었다. 엄마들은 토요일에 음식을 준비해 주일이면 학교 운동장이나 근처 공원에서 바자회를 열었다. 나도 열심히 기쁜 마음으로 이들을 도왔다.

바자회에 동참하는 엄마들 중에는 아이가 유치원생일 때부터 시작해 10년을 넘는 세월 동안 꾸준히 활동하는 경우도 있다. 이들은 대부분 주중에는 사회에서 일하고 주말에는 바자회나 행사를 준비하느라 몸이 많이 지쳐있었다. 그러면서도 바자회를 중단할 수 없는 이유는, 자금난으로 학교가 문을 닫으면 아이들이 갈 곳이 없어지기에 전전긍긍하며 지켜내고 있는 것이다.

학력이 인정되지 않는 학교를 다니며, 차별을 당하고, 편견된 시선으로 인해 불평등한 대접을 받으면서도 학교를 지키려는 이들의 노력이 너무 애절하고 안쓰럽다.

일본에 있는 모든 우리학교가 어려운 상황이지만 가장 작고 열악한 환경에 있는 후쿠시마 초급학교에 가장 먼저 가고 싶었다. 그들과 함께 있고 먹고 웃고 울고 식구가 되고 싶었다.

우리학교에 가면 느끼는 것이 있다. 대가족이 부락을 이루어 살고 있는 것 같다는 느낌이다. 그들은 한 가정, 한 가정이 모여 큰 가족을 이루고 있다.

매년 12월이 되면 학교에서는 각 가정들이 모여 아이들과 떡치기를 한다. 학교 운동장에는 옛날 할머니들이 쓰시던 돌로 만든 큰 절구가 준비되고 엄마들은 주방에서 찹쌀로 밥을 한다. 아빠와 아이들은 엄마가 준비한 찹쌀밥으로 이마에 땀이 맺힐 때까지 떡을 친다.

"누구 아빠가 힘이 세나?"

"우리 아빠가 힘이 세~다."

잘 치댄 찹쌀떡을 책상 위에 펼쳐놓고 제 각각 뜯어 콩가루를 묻힌다. 떡을 만들다보면 얼굴에 콩가루가 묻는다. 그럼 누가 먼저랄 것도 없이 서로의 얼굴에 묻은 콩가루를 닦아주고 금방 만든 떡을 먹여주며 우리는 모두 가족이 된다. 갓 지은 떡을 먹으며 우리 모두는 행복을 느낀다.

언젠가 우리 부부를 합쳐 총 9명이 학교를 방문했다.

그때 유치부 선생님께서 학생들에게 "우리학교에 손님이 오셨는데 몇 분이 오셨나요?"라고 묻자 아이들은 "7명이요"라고 대답했다. "목사님과 사모님은 손님이 아니잖아요"라는 아이들의 말에 순간 울컥했다. '드디어 나도 가족이 되었구나!'

주방에서 빨간 앞치마를 두른 엄마들은 아이들과 선생님들을 위해서 정해진 날에 급식을 준비한다. 엄마들도 각자 사회에서 일을 하고 있기에 가능한 날을 정해서 수고를 나눈다. 일본은 중학교까지 무상급식이지만 우리학교는 학교로 인정이 되지 않기에 무상급식이 안 된다. 그래서 유치부 때부터 도시락을 준비하거나 엄마들이 순번을 정해서 급식을 나눠준다. 나도 함께 급식 도우미를 하면서 엄마들과 더 친해졌다.

"주 안에서 항상 기뻐하라 내가 다시 말하노니 기뻐하라 너희 관용을 모든 사람에게 알게 하라 주께서 가까우시니라" - 빌립보서 4장 4-5절

아이들 급식으로 나눠주는 김치는 쯔루하시 시장에서 사온다. 바쁜 엄마들이 김치까지 만들 수가 없으니 시장에서 사오는 것이다. 그런데 그 맛이 달고 끈적끈적해 내 입맛에 맞지 않

았다.

아이들에게 한국 김치 맛을 보게 해주고 싶어 엄마들에게 "앞으로 급식 김치는 직접 만들어서 가져오겠다"라고 했다. 급식 전날이면 배추 한 포기를 사다가 겉절이 김치를 만들었다.

내가 만든 김치 맛을 본 엄마들은 "이것이 조선 김치 맛이구나! 정말 다르네요. 맛있어요"라고 했다.

한 번은 3대가 모이는 학교행사에 김치를 한 통 담가 갔다.

"이 김치 어디서 났노? 진짜 김치 맛이다" 하시며 할머니, 할아버지들이 맛있게 드셨다.

일본에서는 한국처럼 김치를 한 번에 많이 담가서 먹지 않기 때문에 배추 반 포기의 레시피, 반의 반 포기의 레시피를 부탁받았다. 집에 와서 배추 반 포기, 4분의 1포기를 직접 만들면서 정확한 레시피를 만들어 공유했다.

그런데 이 레시피가 인기를 끌었다.

일본은 우리나라와 같은 김치 문화가 아니기에 고춧가루나 액젓을 아주 작은 통(우리나라 후추통만함)에 판다.

김치를 만들어 그때그때 먹기 때문에 배추 반의 반 포기 등 적은 양의 김치 레시피가 엄마들과 일본 성도들에게 아주 반응이 좋았다.

'주님, 저의 손맛을 살리소서.

나의 손맛으로 잘못된 음식 맛을 보일까 걱정입니다'

맛있는 김치를 만들고 싶은 마음에 이런 기도를 하기도

했다.

나는 김치를 통해 우리학교 엄마들과 친해졌다.

그동안은 '한국인 목사 사모'였는데 이제는 맛있는 김치를 만들어 주는 '정희 언니'가 되었다.

한 번은 바자회 행사를 위해 잡채를 만들었는데 그날 모인 사람들이 잡채를 먹고는 맛있다며 집에서 만들고 싶다며 레시피를 물어보았다.

또 한번은 급식으로 카레를 자주 먹는 아이들에게 자장면을 먹이고 싶은 마음에 "자장면을 아냐?"고 물었다. 엄마들은 "드라마에서 검정색 면을 본 적이 있는데 먹어본 적이 없어서 어떤 맛인지 모른다"고 했다.

"급식에서 자장면을 만들어보자"고 제안했다.

그런데 엄마들은 "선생님이나 아이들이 싫어하면 어쩌죠"라고 걱정했다. 우리는 몇 명의 엄마들만 모여 자장면을 만들어 시식하기로 했다.

한국의 중국음식점에서 배달시킨 자장면 맛은 아니지만 춘장으로 만든 자장면이 완성됐다. 엄마들은 처음 맛본 자장면을 "맛있다"며 좋아했다. 하지만 아이들에게 익숙한 맛이 아니기에 싫어하는 아이가 있을까봐 급식 메뉴로 선정하지는 않았다.

그날 이후 나는 센터에 놀러오는 아이들에게 자장면을 만들어준다. 그러다 문득 이런 생각이 들었다. '내가 어릴 때부터 먹

어온 음식의 맛과 이 땅에서 오랜 시간(70년)을 지내며 만들어
내는 음식의 맛이 다르구나!'한민족인 우리가 그 조금의 차이
를 느끼는 것이 신기했다.

엄마들은 이성로 목사님을 부를 때는 "목사님"이라고 한다.
하지만 나를 부를 때는 "언~니"라고 부른다.
약간의 일본 억양이 가미된 정겨운 말투가 좋다. 우리학교에
다녀올 때마다 동생들 가족을 만난 것 같은 마음이 든다.
'주님! 사랑하는 자들을 속히 구원하여 주소서!'
오늘도 나는 그들을 위해 기도를 한다.

피리

"너희가 거룩한 절기를 지키는 밤에 하듯이 노래할 것이며 피리를 불
며 여호와의 산으로 가서 이스라엘의 반석에게로 나아가는 자 같이
마음에 즐거워할 것이라" – 이사야 30장 29절

2017년 9월 어느날, 우리학교 아이들과 할아버지, 할머니,
아빠, 엄마까지 3대가 함께 학교에 모였다. 이날은 할아버지,
할머니를 위해 손주들이 노래와 춤을 선보이는 경로의 날이다.
조선인들은 학교가 고향이기에 모든 모임이 학교에서 열린다.
한국에서 온 '하나를 위한 교육팀'도 참석했다. 팀 멤버 중 한

분인 문혜인 선교사님께서 플룻 연주자 송솔나무 씨(이하 송샘)에게 우리학교 이야기를 했더니 마침 일본에 계시다며 우리학교에 오셔서 연주를 해주셨다. 작은 우리학교에 아무 보상도 없이 오셔서 마음을 나누어 주시다니 감사했다.

송샘은 한국인이지만 미국 시민권자로 당시는 가족 모두가 일본에서 살고 있었다. 그래서인지 송샘은 우리학교 아이들을 누구보다 이해하며 예뻐해주셨다.

미국 이민 세대, 유색인종으로 힘들었던 시절을 플룻과 하나님의 사랑으로 이겨내 멋진 플룻 연주자로 세움받기까지의 스토리가 참 감동적이었다. 하나님의 따뜻한 사랑이 흘러넘침을 느낄 수 있었다.

송샘의 연주(드라마 배경음악 '이산')가 시작되자 강당 밖에서 음식을 준비하던 엄마들 사이에서 소란이 일었다.

"이처럼 유명한 분이 우리학교에 오시다니…. 너무 좋습니다. 음악이 너무 좋습니다"

엄마들의 기뻐하는 모습에 나도 덩달아 기뻤다. 연주가 끝난 후 함께 사진촬영도 하고 사인도 받았다. 엄마들은 다음 일본에서 예정된 플룻 공연에 꼭 가고 싶다는 마음을 전했다. 우리는 다음 해 2월 '나라'의 국립극장에서 열린 송샘의 연주회에 초청되었다.

엄마들의 직업은 다양하다. 이 중 한 분은 보자기 공예를 한다. 조선 국적자인 선생님(80세가 넘으심)을 모시고 조선인들이

모여 보자기 공예를 하는데 전시회를 준비중이라고 하자 송
샘은 스케줄을 확인한 후 전시회에 참석해 플룻 연주를 해주
셨다.

그 후로도 송샘은 지속적으로 우리학교 아이들을 위해 마음
을 써주신다. 하나의 꿈, 여름 여행에서는 아이들과 우리 가족
에게 숙소를 제공해 주셨다. 그는 우리가 많은 일을 하느라 바
쁘고 힘든 것을 보시더니 "무엇을 많이 하고 남기고 그런 것보
다 아이들 한 명 한 명을 더 사랑해 주셨으면 좋겠어요"라고
했다.

송솔나무 씨의 팬이 된 학부모들

조선적

"수금으로 여호와께 감사하고 열 줄 비파로 찬송할지어다 새 노래로 그를 노래하며 즐거운 소리로 아름답게 연주할지어다" – 시편 33편 2-3절

2018년 6월. 고베에서 보자기 공예 전시회가 열렸다.

마침 한국에서 선교팀(대전에서 섬기던 교회 주방팀)이 와서 함께 갔다. 전시회장에 들어서자 검정 치마저고리를 입은 여학생이 가야금 연주를 하고 있었다. 까만 생머리를 뒤로 묶은 모습이 너무도 예뻤다. 청아한 가야금 소리와 어우러진 아름다운 모습에 정신을 차릴 수가 없었다.

연주가 끝난 후 그 여학생에게 다가가 "너무 훌륭한 연주였다"고 먼저 말을 걸었다. 그때 서현(서희 동생) 엄마가 다가왔다.

"사모님, 얘가 조선고등학교에 다니는 큰딸 서희예요"라고 해 깜짝 놀랐다.

서희 엄마는 우리가 학교에 갈 때마다 큰딸 이야기를 했다. "가야금을 하는 큰딸이 있다"며 "한국에서 팀이 오면 만나게 해주고 교회에도 불러달라"고 했다.

서희 가족에게는 특별한 사연이 있다.

할머니부터 온 가족이 조선적을 가지고 있다는 것이다. 광복 이후 조선 국적을 가진 재일 조선인들은 조국이 둘로 갈라진

현실에서 남한과 북한 중 하나의 국적을 선택해야 하는 갈림길에 섰다. 그러나 이들은 둘 중 하나를 선택하지 않고 조선국적으로 남게 된 것이다. 70년이 넘게 흐르면서 조선 국적을 유지하는 조선인은 어느새 4대, 5대에 이르고 있다.

서희 할아버지의 고향은 경북 김천이다. 일본에 살다가 젊은 시절 고향에 김천 고향집으로 돌아갔지만 무슨 이유에서인지 다시 일본 땅으로 되돌아왔다. 그리고 다시는 고향 땅을 밟지 못하고 끝내 돌아가셨다.

2019년 8월, 하나의 꿈 여행 때 서희 할아버지의 고향인 김천을 방문해 서희 할아버지의 고향 주소지를 찾아갔다. 김천 시청에서 직원이 나와 친절히 안내해 주셨다.

서희 할아버지의 고향집은 현재 공터가 되어 있었다. 그 당시 집 앞에도 있었을거라고 예상되는 큰 나무가 있었다. 그곳에서 우리는 예배하며 기도를 했다. '주님, 서희 할아버지의 아픈 역사를 위로하시고 아픈 마음들을 달래 주세요'라고.

여행을 마친 후 그곳에서 예배하며 찍은 영상을 할머니 친지분들께 보여드렸더니 "집은 사라졌지만 그곳이 분명 맞다"고 하시며 모두 눈물을 흘리셨다고 한다.

서희 가족을 만나 "우리학교를 다니고 조선인으로 살지만 국적은 한국 국적으로 바꾼 조선인도 적지 않은데 어떻게 온 가족이 조선적을 유지하나요?"라고 물은 적이 있다.

서희 할머니는 "우리는 조선인이기 때문에 조선적을 유지하는 것이고 우리 아이들이 조선적으로 언젠가 필요한 시기에 쓰임받기를 원해서입니다"라고 말씀하셨다.

조선적은 이 세상에 없는 나라의 국적이기 때문에 해외에 나갈 수 없을 뿐만 아니라 나라가 없는 무국적자의 삶을 사는 것이다. 이들이 어떤 삶을 살고 있는지 우리는 상상조차 할 수도 없을 정도다.

서희 할머니께 "한국에 가보고 싶지 않냐?"고 묻자 "가보고는 싶지만 조선적으로 사는 자부심이 더 크다"고 말씀하셨다.

조선인들은 차별과 냉대에도 조선인이라는 자부심으로 살고 있다.

서희는 조선 중·고등학교를 다니는 동안 민족 악기를 배우고 연주했다. 덕분에 가야금과 더블베이스를 잘 연주한다. 우리 부부는 졸업연주회에 초청을 받아 참석했다. 민족 악기를 연주하는 서희의 솜씨가 대단하고 멋있었다. 특히 가야금 연주가 좋았다. 6년 동안 열심히 배운 가야금을 가지고 이제는 주님을 찬양할 서희를 위해 기도한다. 서희를 통해서 조선에 일하실 주님을 찬양한다.

고등학교를 졸업한 서희는 조선대학에 입학하지 않고 고베에 있는 선교사가 세운 기독교 대학에 입학했다. 놀라운 것은 2020년에는 조선적을 유지한 채 1년동안 한국 서강대학교의 교환학생이 된 것이다.

고베 기독교 대학에 다닐 때 "사모님, 저 채플드려요"라고 말한 서희는 가끔 찬양도 흥얼거린다. 그 모습이 너무 예쁘다.

조선적이기에 어려움은 있었지만 주님께서 교환학생으로 한국에 부르심에 감사한다. 서희를 통해서 주님이 어떻게 일하실지 생각만 해도 마음이 설렌다. 그리고 가야금으로 하나님을 찬양하는 서희를 응원한다.

십자가

"그는 근본 하나님의 본체시나 하나님과 동등됨을 취할 것으로 여기지 아니하시고 오히려 자기를 비워 종의 형체를 가지사 사람들과 같이 되셨고 사람의 모양으로 나타나사 자기를 낮추시고 죽기까지 복종하셨으니 곧 십자가에 죽으심이라" – 빌립보서 2장 6-8절

2018년 6월. 우리학교(후쿠시마)에서 학교와 자녀들을 위해서 음식 바자회를 열었다. 기꺼이 감당해야 되는 부분이라 생각하고 부모님 한 사람 한 사람이 기쁜 마음으로 즐기는 모습이 아름답게 보였다.

그날 유치부 슬기의 엄마인 향리 씨가 "여름방학에 슬기와 함께 한국에서 홈스테이를 하고 싶다"며 도움을 요청했다. 우리 부부는 학교에 가면 "우리는 이용당하러 왔어요. 우리를 이용하세요"라고 말하곤 했다. 오늘은 향리 씨가 우리 부부에게

도움을 요청한 것이다.

한국에 있는 교회에 조선인 엄마와 7세 남자아이가 홈스테이를 원한다고 상황을 알리고 기다렸다.

한국은 아직 반 이데올로기 사상이 있어 어려울 수도 있는 조건이었지만 일산에 있는 조이풀교회 집사님 부부가 "섬기겠다"며 연락을 했다. 슬기와 같은 또래의 남자 형제를 둔 가족이었다.

2018년 8월 초. 슬기와 엄마가 처음 한국 땅을 밟았다.

슬기 엄마는 "슬기가 또래의 한국 아이들과 친구가 되어 조선말로 이야기도 하고 동화책도 읽으며 뛰어 놀게 하고 싶었다"며 "모든 조선 엄마들의 마음"이라고 말했다.

슬기네는 교회 문화가 없는 일본 땅에서 살기에 한국의 집사님 가정에 어떻게 스며들게 하실까 기도하면서 일하실 주님의 방법이 궁금했다. 아직 조선말이 서툰 슬기가 잘 지낼 수 있을까 걱정이 되기도 했다.

그런데 홈스테이 마지막 날 만난 슬기는 얼굴이 너무 밝았다. 슬기와 집사님 가족이 모두 함께 서점에 갔다. 친구들과 책을 읽으며 이야기하는 모습이 편안하고 기쁨으로 가득함을 알 수 있었다. 함께 저녁을 먹는데 슬기는 두 손을 꼭 모으고 기도했다. "아멘"을 한 후 밥을 먹는 슬기와 향리 씨가 너무 대견하고 감사했다.

슬기네가 조선인 신분으로 한국을 방문한 것도 놀랍지만 주

님을 믿는 사람들을 만나 친구가 되는 일은 주님이 하지 않고
서는 불가능한 일이라고 생각됐다.

홈스테이로 인연을 맺은 후 두 가족은 지금까지 친밀하게 잘
지내고 있다. 서로 아이들 선물도 챙기면서 아이들 못지 않게
부모님들도 우정을 쌓고 있다.

슬기 가족의 홈스테이 사건은 우리학교 엄마들의 부러움과
관심거리가 되었고 모두들 해보고 싶어했다. 슬기 엄마도 "혼
자 누린 것이 너무 미안하다"면서 많은 엄마들과 아이들이 함
께 하길 소망했다.

'주님! 우리 아이들과 엄마들이 함께 사랑여행을 하게 해주
세요. 이 일이 이루어지게 하옵소서.'

그런데 나의 기도가 1년 후인 2019년 8월에 이루어졌다.

바로 '하나의 꿈 여행'이다.

하나의 꿈 여행

"여호와의 말씀이 또 내게 임하여 이르시되 인자야 너는 막대기 하나
를 가져다가 그 위에 유다와 그 짝 이스라엘 자손이라 쓰고 또 다른
막대기 하나를 가지고 그 위에 에브라임의 막대기 곧 요셉과 그 짝 이
스라엘 온 족속이라 쓰고 그 막대기들을 서로 합하여 하나가 되게 하
라 네 손에서 둘이 하나가 되리라" - 에스겔 37장 15-17절

2019년 8월.

평소 나는 조선 아이들과 함께 한국에 오고 싶었다.

'너희들이 쓰는 조선어로 함께 이야기하며 친구가 될 수 있는 나라가 있단다. 너희들은 차별과 무관심 속에서 받는 것이 상처인지도 모르고 살고 있음을 아니? 너희끼리 똘똘 뭉쳐 떨어지면 큰일 날까, 늘 조바심내며 외롭지 않으려고 발버둥치며 살고 있는걸 아니? 너희들은 절대 혼자가 아니야. 외롭지 않아' 라고 말해주고 싶었다.

많은 사람들이 사랑하고 있다는 것을 알게 하고 싶었다. 많은 사람들이 기도하고 있다는 것을 보여주고 싶었다.

1년 전, 홈스테이로 한국을 방문했던 슬기와 엄마를 중심으로 슬기 또래의 친구들 9명과 엄마들 4명 그리고 서희와 친구들 4명 총 18명과 함께 여행을 시작했다.

지금까지 우리학교에서는 1~2명이 한국을 방문했기에 총 18명이 한국을 방문하는 것이 처음이라서 선생님들과 학부모 회의를 통해서 결정하기로 했다.

이들은 여권이 아닌 이것으로 다닐 수 있다

조선 국적자들은 해외 여행을 할 때 별도의 여행 증명서를 발급받아야 한다. 여행증명서는 매번 서류를 준비해서 발급받아야 하기에 번거롭다. 아이들에게는 한국에서 온 목사를 따라 한 번도 가 본 적 없는 한국에 간다는 것은 큰 모험이고 도전이다.

우리 입장에서는 한국의 이곳저곳을 다니며 맛있는 것도 먹고 좋은 것도 보는 여행이 무작정 좋을 것이라고 생각되지만 이들에게는 인도하는 사람을 무조건 믿고 따르는 신뢰가 바탕이 되어야 하기에 마냥 즐거울 수만은 없다.

조금은 두려운 마음이 있음에도 모두 기쁜 마음으로 믿고 따라준 엄마들과 아이들에게 고마웠다. 여행 마지막 날 슬기 엄마가 쓴 편지 내용을 그대로 옮겨 적었다.

「하나의 꿈 여행 여러분께,

먼저 우리 아이들과 엄마들을 이번 여행에 조직하여 주시고

준비를 해 주신 모든 선생님들과 STAFF분들에게 진심으로 감사드립니다! 제가 작년 여름에도 집사님 집에서 3일간 지내고 사랑을 받았는데 이번에는 인원이 불어났음에도 6일간이란 긴 시간 한국을 방문할 수 있게 사랑을 주셔서 감사합니다. 또 우리가 한 게 아무것도 없는데 받기만해서 너무 미안했어요.

그런데 한동대에서 강의를 듣고 나서 우리 아이들이 할 수 있는 일이 많을 거란 생각을 하게 되었어요.

다음에는 우리가 받은 사랑을 줄 수 있는 존재가 될 거예요!

제가 말을 잘 못해서, 제 마음이 전해졌는지 걱정되지만 다시 한 번 이번 여행을 준비하고 후원해 주신 모든 분들께 감사드립니다.

고맙습니다! 다음은 오사카에서 뵙자요!!
-슬기 엄마- 」

경주 첨성대에 가면 넓디넓은 잔디가 광활하게 펼쳐져 있다. 파란 하늘 아래 푸른 잔디 위에서 하늘색 옷을 입고 뛰어다니며 뽀로로 음료수를 좋아하던 아이들의 모습이 너무 자유로워 보였다.

'이것은 너희 것이란다'

'하나의 꿈 여행'은 오늘도 이 땅에서 계속 되고 있다. 이 여행이 언제 끝날지는 아무도 모른다. 단지 이 여행을 하는 동안 이제는 더 이상 상처 받지 않고 모두가 즐거운 여행이 되길 기도한다.

한동대 기숙사에서 두 밤을 잤다. 이때 엄마들이 말했다.

"우리 아이들도 이런 학교에 다녔으면 좋겠어요"

여행 마지막 날 저녁 조이풀교회에서 아이들과 엄마들을 초대했다.
교회에는 장금이 집사님들이 참 많다는 것을 깨달았다.
집사님들이 직접 만든 한식이 너무 맛있어서 인기가 많았다.

식구

"예수께서 이르시되 와서 조반을 먹으라 하시니 제자들이 주님이신 줄 아는 고로 당신이 누구냐 감히 묻는 자가 없더라 예수께서 가셔서 떡을 가져다가 그들에게 주시고 생선도 그와 같이 하시니라" - 요한복음 21장 12-13절

'하나의 꿈 여행'을 다녀온 후 남호범 교수님이 쓰신 글이다.

「우리는 식구입니다.

우리는 식구였습니다.

우리는 만나자마자 함께 먹었습니다.

남산에 올라가 돈가스와 짬뽕을 먹었고 샌드위치를 먹었고 직접 쿠키를 만들어 먹었습니다.

독립기념관에서 고추장과 참기름의 환상의 조합을 경험했고, 순두부찌개를 같이 먹었습니다.

디저트로 아이스크림을 먹었고, 해 질 녘 금강을 내려다보며 백제 사람들을 생각하며 돼지갈비를 먹었고, 야식으로 다양한 한국 과자를 먹었습니다.

일본 땅에서 할머니, 할아버지들이 그토록 먹고 싶어 했던 참외를 깎아 먹었고 게임을 하며 포도를 먹었습니다.

경북 김천에서 전통 순대 국밥을 먹어 보았습니다.

동해 바닷가에서 물놀이를 하며 맛있는 복숭아를 먹었고 한

동대 캠퍼스에서 한식을 먹었고 강의를 들으면서 과자를 먹었습니다.

한동대 기숙사에서 치킨을 시켜 먹었고 생일을 맞이한 친구를 축복하며 케이크를 나눠 먹었습니다.

자다가도 깨서 먹었고 '설빙' 팥빙수를 손이 안 보일 정도로 먹어 치웠고 먹다가 춤을 추기도 했고, 셀 수 없이 많은 반찬이 놓인 경주 한정식을 먹으며 신라 사람들을 생각했습니다. 심심치 않게 사탕을 먹었고, 교회 축제를 즐기며 대장금 집사님들이 만들어 주신 음식을 먹었습니다.

우리는 헤어지기 전날 밤에도 야식을 먹었고, 마지막 날 아침 통일 동산 앞에서 우리의 소원은 통일이라 다짐하며 두부전골을 먹었습니다.

우리는 정말 식구였습니다.

우리는 5,000년을 함께 먹고 70년을 헤어져 먹었습니다.

지난 70년 적대를 완전히 청산하고 다시 하나가 되기 위한 평화의 큰 식탁을 만들고자 제안합니다.

우리는 식구입니다.」

5부

주님의 노래

조선을 보여주심

"여호와께서 이르시되 내가 하려는 것을 아브라함에게 숨기겠느냐 아브라함은 강대한 나라가 되고 천하 만민은 그로 말미암아 복을 받게 될 것이 아니냐" - 창세기 18장 17-18절

우리가 협력하는 일본 교회 메구미나 채플(메구챠)은 5년 된 교회로 성도가 30명이 조금 안 되는 작은 교회다.

한국과 중국 그리고 일본을 위해 기도하지만 독특한 것은 이스라엘을 위해 모든 성도가 기도한다는 것이다.

매주 기도회 시간에 이스라엘을 위해 기도하고, 한 달에 한번은 이스라엘의 현지 상황을 영상을 통해 함께 나누며 뜨겁게 중보한다. 긴급한 사항이 발생할 때는 기도 제목을 그때그때 나누며 기도한다.

내가 "이스라엘을 위해서 기도하고 관심이 많은 메구미나 교

회가 신기하다"라고 하자 "일본에는 교회가 많지 않지만 그중에 많은 교회들이 이스라엘을 위해 중보하고 있다"라고 한다. 매달 이스라엘을 위한 기도 파일이 만들어져 온 일본 땅의 교회에 전달된다고 한다. 우리 부부에게는 너무 신기하면서 놀라웠다. 우리는 가끔 기도 동참은 했지만 솔직히 마음이 전심이 되지 않아 자리만 채울 때가 많았다.

2017년 10월. 오사카 마츠바라집에 이스라엘을 다니며 중보 사역하시는 문혜인 선교사님이 묵게 되었다. 우리 부부는 3박 4일 동안 좋은 곳에 다니며 먹거리를 대접했다.

문 선교사님이 돌아가신 후 우리 부부는 갑자기 이스라엘에 대해 알고 싶어졌다. 누가 먼저 말 한 것도 아닌데 우리 부부의 마음이 같다는 것에 조금 놀랐고 이런 경험은 처음이었다. 그때 새로운 사실을 알게 되었다. 사람이 가지고 있는 영적인 선물은 말하지 않아도 흘러서 전해진다는 것이다.

이스라엘에 대해 너무 알고 싶어서 인터넷으로 검색했다.

이스라엘은 1900년 동안 나라 없이 열방에 디아스포라로 살던 민족이다. 우리 부부가 얼마나 무지한 지 그 사실도 모르고 있었다. 그때까지 이스라엘은 말씀에만 있는 줄 알았으니….

1900년 동안 나라가 없던 이스라엘은 1948년 5월에 다시 건국 되었다.

일본이 제2차 세계 전쟁에서 패망하고 조선이 독립이 되지만, 36년 동안 나라가 없던 조선은 반으로 갈리어 남한은 1948년 8월 15일에 대한민국이라는 나라로 건국되었고, 북한 역시 같은 해 9월 9일에 조선민주주의 인민공화국이라는 나라로 건국되었다. 이스라엘과 대한민국, 북한 모두 1948년에 다시 건국되었다. 역사가 같이 가고 있다. 일본 땅에 있는 우리학교의 역사도 같이 가고 있다.

조선이라는 나라가 사라졌다.

강제 징용으로 일본에 끌려왔던 우리 할아버지, 할머니들은 전쟁이 끝나면 곧 고국으로 돌아갈거라고 생각하며 기다렸지만 70년이 넘게 일본의 한 귀퉁이에서 고달픈 삶을 이어왔다.

그 후손들은 5대째 한국도 아닌 북한도 아닌 일본도 아닌, 나라 없는 설움을 겪으며 살고있다. 그들이 조선인이다.

이스라엘을 알면 알수록 조선과 너무 닮았다는 생각이 들었다. 우리 조선인들의 아픔과 슬픔이 주님의 계획 안에 있던 이스라엘과 많이 닮았다. 우리 조선이 작은 이스라엘 같다고 생각했다.

2018년 5월. 이스라엘에 가고 싶었다. 하나님의 은혜로 유월절에 이스라엘을 가게 되었다. 예루살렘에 있는 탐해스 기도의 집으로 갔다. 열방에 있는 사람들이 24시간 와치(시간을 정해서 주님이 기억하시도록 기도하는 것)를 하며 기도하고 있는 집이다.

저녁시간에 같이 간 팀과 예배를 드리게 되었다.

찬양이 시작되고 조금 후에 마음속, 아니 내 몸 안 깊은 곳에서부터 무척 무거운 것이 느껴졌다.

'내 몸에 있는 무거운 것이 뭐지?'

머리는 다른 생각으로 혼란스러운데 눈에서는 눈물이 흐르고 있었다.

'주님 이것이 무엇인가요?'

내 몸 안에 묵직한 무언가가 계속 있다. 그 묵직한 것이 움직였다. 그때 땅과 산으로만 되어있는 우리나라 한반도(남과 북이 합쳐진)가 보였다. 너무도 선명한 색깔로 뚜렷하게 보였다.

"조선이다."

주님이 또렷하게 말씀하셨다.

그 음성은 지금도 나를 설레게 한다. 주님이 조선을 기억하고 계셨다. 우리 모두가 잊고 있던 조선을 기억하게 하셨다.

그리고 갑자기 그 땅에 주님의 영광, 사랑이 가득함을 보여주셨다. 그 영광이 어찌나 큰지 내 지혜로는 표현하기가 솔직히 너무 어렵다. 조선 땅이 하나님의 영광으로 가득해서 내 몸은 붕 떠있는 것 같고 황홀하고 숨이 안 쉬어졌다. 신랑을 맞는 신부의 마음이 이보다 더할까?

"내 사랑아 너는 어여쁘고 어여쁘다 네 눈이 비둘기 같구나 나의 사랑하는 자야 너는 어여쁘고 화창하다 우리의 침상은 푸르고 우리 집은 백향목 들보, 잣나무 서까래로구나" - 아가 1장 15-17절

신랑을 위해서라면 무엇이든 어떤 것이든 아깝지 않았다.

"마리아는 지극히 비싼 향유 곧 순전한 나드 한 근을 가져다가 예수의 발에 붓고 자기 머리털로 그의 발을 닦으니 향유 냄새가 집에 가득하더라" – 요한복음 12장 3절

그분의 사랑으로 가득한 조선을 보여 주셨다.

'하나님이 조선을 이처럼 사랑하신다.'

그것이 확증되었다. 조선을 향한 하나님의 영광으로 난 그렇게 한참을 취해 있었다.

예배가 끝나고 모두가 은혜를 나누는 시간을 가졌다.

모두들 이스라엘의 하나님을 찬양하고 이스라엘을 위한 기도와 은혜를 나누었다. 난 내가 받은 것이 이상한 것 같아서 나누지 못했다. 이스라엘에 이스라엘을 위해서 기도하러 왔는데 갑자기 조선을 나누는 것은 맞지 않는 일 같았다. 그런데 내 가슴이 너무 벅차서 견딜 수가 없었다.

'주님이 조선을 보여 주셨어요.

주님이 조선을 기억하고 계세요.

그 땅에 주님의 영광이 얼마나 크고 가득한지,

얼마나 그분의 사랑이 가득한지 보여 주셨어요.'

그분의 영광이 너무 커서 표현할 수가 없다고 했다.

솔직히 그때는 보여주신 조선이 어떤 조선인지 잘 몰랐다.

다음날 예배 가운데 또 주님이 우리학교를 보여 주셨다. 보

여주시는 것은 땅이었지만 우리학교라는 것을 알 수 있었다.

"이스라엘 하나님의 영광이 동쪽에서부터 오는데 하나님의 음성이
많은 물 소리 같고 땅은 그 영광으로 말미암아 빛나니" - 에스겔 43
장 2절

땅에서 빛이 났다. 영으로 느껴지는 학교 안에 주님의 사랑
이 빈틈없이 꽉 차서 빛이 나고 있었다.

주님이 "내가 이들을 사랑한다"고 또렷이 말씀하셨다. 그 사
랑이 얼마나 큰지 학교 안에 하나님의 영광이 가득했다. 그런
데 참 이상하게 이런 엄청난 은혜를 부어주시면서 동시에 주님
은 나의 가장 없는 것들을 알게 하셨다. 내게 있는 사랑이 작아
도 너무 작아서 표현도 안 되는 것을 알게 하셨다. 은혜 앞에 나
는 부끄러웠다.

이스라엘을 위해 기도하러 왔는데 주님은 이미 지금 조선의
어떠함과 상관없이 주님의 주권으로 조선을 사랑하고 계셨다.
조선은 처음부터 주님의 영광이었다.

"깊도다 하나님의 지혜와 지식의 풍성함이여, 그의 판단은 헤아리지
못할 것이며 그의 길은 찾지 못할 것이로다" - 로마서 11장 33절
"이는 만물이 주에게서 나오고 주로 말미암고 주에게로 돌아감이라
그에게 영광이 세세에 있을지어다 아멘" - 로마서 11장 36절

이스라엘을 다녀오고 매일 주님이 보여주신 조선을 위해 기
도한다. 주님의 영광으로 빛나고 있는 우리학교 영혼을 위해

기도한다.

'주님 나는 무얼 해야 하나요?

당신의 영광이 가득한 조선을 위해 기도합니다.

당신이 이처럼 사랑하는 조선을 위해 기도합니다.

당신의 영광으로 빛나는 그 땅을 위해 기도합니다.

주님 사랑이 너무 커서 나는 한 점도 안 되는 사랑이지만

순종하며 나아가오니 주님이 조선 땅에 일 하십시오.

주님이 사랑하는 조선을 계속 기억하여 주십시오.'

아무도 알지 못하는 나라 '조선'

"땅과 거기에 충만한 것과 세계와 그 가운데에 사는 자들은 다 여호와의 것이로다 여호와께서 그 터를 바다 위에 세우심이여 강들 위에 건설하셨도다 여호와의 산에 오를 자가 누구며 그의 거룩한 곳에 설 자가 누구인가 곧 손이 깨끗하며 마음이 청결하며 뜻을 허탄한 데에 두지 아니하며 거짓 맹세하지 아니하는 자로다 그는 여호와께 복을 받고 구원의 하나님께 의를 얻으리니 이는 여호와를 찾는 족속이요 야곱의 하나님의 얼굴을 구하는 자로다(셀라)문들아 너희 머리를 들지어다 영원한 문들아 들릴지어다 영광의 왕이 들어가시리로다 영광의 왕이 누구시냐 강하고 능한 여호와시요 전쟁에 능한 여호와시로다 문들아 너희 머리를 들지어다 영원한 문들아 들릴지어다 영광의 왕이 들어가시리로다 영광의 왕이 누구시냐 만군의 여호와께서 곧 영광의 왕이시로다" - 시편 24장 1-10절

이 세상의 지구본에는 조선이라는 나라가 없다.

그런데 주님은 조선을 말씀하신다. 하나님의 마음엔 조선이 그대로 있다. 원형의 조선을 통해서 주님이 일하시려고 한다.

이성로 목사님은 2019년 9월 이스라엘에서 주님의 음성을 들었다.

"새벽에 와치(시간을 정해놓고 기도하는 시간)를 마치고 잠깐 누웠어. 너무 피곤하고 아무 생각이 없었는데 갑자기 북한을 보여주셨어. 지하에서 예배하는 사람들 노동하는 사람들을 보여주면서「그들이 조선이다」말씀하셨어. 그리고 한국을 보여주시면서「그들이 조선이다」말씀하셨어. 몇 분이 지나고 일본 땅에서 조선인을 고집하며 살아내고 있는 분들을 보여 주셨어.「그들이 조선이다」라고 하셨어. 그리고 또 시간이 지난 뒤「네가 조선이다」말씀하셨어."

전쟁이 끝나면 내 나라 조선으로 돌아가려고 어디에도 속하지 않은 채 살고 있는 그들이 조선이었다. 그리고 내가, 우리가 조선이다. 이들이 하나가 될 때 하나님이 말하는 원형의 조선이 된다. 원래가 모두 한 민족, 조선이었던 것이다.

회복의 눈으로 보지 않으면 절대 보이지 않는 나라이기 때문에 주님은 "아무도 알지 못하는 나라"라고 하신 것이다. 이 나라가 이스라엘 하나님의 영광이라고 하신다.

그렇구나. 세상에서는 없어진 나라지만 하나님의 마음 가운데는 조선이 원형으로 지금까지 남아 있구나. 아무도 못 보는 나라가 되었다. 그러나 하나님은 조선을 계속 기억하고 계셨다.

"보라 네가 알지 못하는 나라를 네가 부를 것이며 너를 알지 못하는 나라가 네게로 달려올 것은 여호와 네 하나님 곧 이스라엘의 거룩하신 이로 말미암음이니라 이는 그가 너를 영화롭게 하였느니라" - 이사야 55장 5절

이스라엘 영광이 될 이방인의 충만한 수는 알지 못하는 나라가 들어갈 때 완성된다.

바울이 말하는 충만한 수가 무엇일까?

로마서 9장 10장 11장을 읽어 보았다.

바울이 이스라엘을 얼마나 사랑하는지 보았다. 그러기에 우리 이방인에게 달려왔다. 그리고 이제 우리 이방인이 이스라엘을 사랑하는 하나님의 신비를 알기 원해서 이스라엘로 달려가기를 그렇게도 원하고 있는 것이었다.

"형제들아 너희가 스스로 지혜 있다 하면서 이 신비를 너희가 모르기를 내가 원하지 아니하노니 이 신비는 이방인의 충만한 수가 들어오기까지 이스라엘의 더러는 우둔하게 된 것이라" -로마서 11장 25절

에수님도 말씀하셨다.

"그들이 칼날에 죽임을 당하며 모든 이방에 사로잡혀 가겠고 예루살렘은 이방인의 때가 차기까지 이방인들에게 밟히리라" - 누가복음 21장 24절

개인 구원을 넘어 하나님의 신비를 아는 이방인의 충만한 수가 이스라엘로 달려갈 때 메시아가 오실 길이 예비되리라.

사단은 구원받은 이방인이 이스라엘로 들어가지 못하도록 하나님의 신비를 사단의 방법으로 가렸다.

그리고 마지막 이스라엘을 여는 열쇠가 될지 모르는 조선이 하나님의 계획 아래 숨겨져 있다.

이념과 사상이라는 이유로 모든 사람의 무관심 속에 선교의 불모지가 되었다. 하지만 주님은 은사와 부르심에는 후회함이 없다고 하신다.

"하나님이 모든 사람을 순종하지 아니하는 가운데 가두어 두심은 모든 사람에게 긍휼을 베풀려 하심이로다" – 로마서 11장 32절

이스라엘을 향한 하나님의 계획은 예수님이 하신 말씀이 이루어지는 일이다.

"이와 같이 나중 된 자로서 먼저 되고 먼저 된 자로서 나중 되리라" – 마태복음 20장 16절

하나님의 계획 안에 있는 일본 땅과 그 땅에 숨어 있는 조선을 사랑하시는 말씀이다. 하나님의 계획 아래 있다.

모든 것의 주권 되신 주님의 부르심으로 난 주님이 사랑하는 나라 아무도 알지 못하는 나라를 알게 되었다.

"나는 시온의 의가 빛 같이, 예루살렘의 구원이 횃불 같이 나타나도록 시온을 위하여 잠잠하지 아니하며 예루살렘을 위하여 쉬지 아니

할 것인즉" - 이사야 62장 1절

"예루살렘이여 내가 너의 성벽 위에 파수꾼을 세우고 그들로 하여금 주야로 계속 잠잠하지 않게 하였느니라 너희 여호와로 기억하시게 하는 자들아 너희는 쉬지 말며 또 여호와께서 예루살렘을 세워 세상에서 찬송을 받게 하시기까지 그로 쉬지 못하시게 하라" - 이사야 62장 6-7절

주님은 서두르지 않으신다. 우리의 마음이 급해지는 것을 아시면 서두르지 말고 바쁘지 말라고 하신다. 천천히 주님이 하시겠다고 그 자리에서 그들을 사랑하라고 하신다. 가만히 있는 것은 바쁜 것보다 훨씬 어렵다. 하지만 바쁘지 않은 것이 순종이었다.

"새 계명을 너희에게 주노니 서로 사랑하라 내가 너희를 사랑한 것 같이 너희도 서로 사랑하라 너희가 서로 사랑하면 이로써 모든 사람이 너희가 내 제자인 줄 알리라" - 요한복음 13장 34-35절

용인 OO교회에서 메구미나 교회로 일본을 위한 단기선교를 왔다. 잠깐 조선을 이야기할 시간이 주어졌다. 이념과 사상으로 선교의 불모지가 된 조선을 이야기하는데 집중하지 않는 것이 느껴졌다.

"하나님이 처음의 조선을 기억하시고 사랑하십니다.

그 조선이 주님의 계획 아래 일본 땅에도 있습니다.

우리 조선을 보지 않으면 일본을 향한 하나님의 마음을 알

수가 없습니다.

　하나님이 사랑하는 조선! 여러분이 함께 보길 원하고 계십니다."

　이 짧은 말에 한 팀원이 눈물을 흘리고 조선을 향한 하나님의 마음이 그들의 내면에 강력하게 흘러갔다. 모두의 눈에 눈시울이 붉어지면서 기도하기 시작했다. 보는 일본 모든 성도들도 놀랄 정도로 성령의 역사였다.

　'하나님이 조선을 이처럼 사랑하사'

　물이 포도주가 된 비밀을 알게 된 작고 힘없는 하인들은 어떻게 살았을까? 물 떠온 하인들은 그 후로 어떻게 살았을까? 허탄한 것에 마음 뺏기지 않고 오직 주님으로만⋯. 주님만 바라보게 하소서!

내가 조선을 사랑한다

"광야와 메마른 땅이 기뻐하며 사막이 백합화 같이 피어 즐거워하며 무성하게 피어 기쁜 노래로 즐거워하며 레바논의 영광과 갈멜과 사론의 아름다움을 얻을 것이라 그것들이 여호와의 영광 곧 우리 하나님의 아름다움을 보리로다" - 이사야 35장 1-2절

　고베 센터에서 조금만 걸어가면 등산로가 있다.

내가 고베에서 가장 좋아하는 곳이다. 매일 아침 주님과 데이트하는 곳이다.

'나는 가난하고 궁핍하오나 주께서는 나를 생각하시오니

주님은 나의 도움이십니다.

나의 하나님이여 지체하지 마시고 이루십시오.

당신의 영광이 가득한 조선을 기억하십시오.

당신의 영광으로 빛나는 우리학교 오늘도 바라보시고

아이들과 선생님에게 당신을 보이십시오.

일본 땅 안에서 조선인인 것에 자부심을 가지고 기꺼이 모든 것을 참아내며 사는 조선인을 눈동자처럼 지키십시오.

우리 조선을, 조선인을 불쌍히 여겨 속히 구원하여 주옵소서.'

2019년 3월. 일본 교토에는 전 세계에서 모여 기도하는 게더링이 있었다.

고베 센터에도 게더링에 참가하기 위해 캐나다, 대만, 중국, 홍콩, 일본, 미국, 한국에서 사람들이 숙소로 찾아왔다.

메구미나 채플 성도들도 참가해서 함께 기도했다.

나는 가지 못해서 그날도 고베에서 가장 좋아하는 그곳에 갔다.

난 솔직히 말해서 게더링은 잘 모른다.

많은 열방에 있는 하나님의 백성들이 함께 모여 기도하는 것이라고만 알고 있다. 그날도 교토에서 기도하는 열방의 백성들과 함께 하시라고 올려드리고 있었다.

조용한 가운데 주님이 말씀하셨다. 미리 예고도 없으시고 언제든지 갑자기 다른 기도를 하고 있어도 상관없이 말씀하신다. 사실은 그래서 더 좋고 감사하다.

'내가 조선을 사랑한다'

너무도 부드럽고 명확한 음성이었다.

내려오던 길이었는데 주님 말씀 한 마디에 움직일 수가 없었다. 어지러워 잠시 멈췄다. 눈물이 계속 흘렀다.

"내가 확신하노니 사망이나 생명이나 천사들이나 권세자들이나 현재 일이나 장래 일이나 능력이나 높음이나 깊음이나 다른 어떤 피조물이라도 우리를 우리 주 그리스도 예수 안에 있는 하나님의 사랑에서 끊을 수 없으리라" - 로마서 8장 38-39절

'아, 주님이 우리 조선을 정말 사랑하시는구나!

주님이 우리 조선을 계속 기억하고 계시는구나!

주님이 사랑하는 조선, 저도 사랑합니다.'

게더링에 참석하고 있는 남편에게 문자를 했다.

'주님이 "내가 조선을 사랑한다"고 또 말씀하셨어요.

눈물이 멈추질 않아요.'

'주님, 주님이 사랑하고 주님의 마음이 있는 조선, 나도 사랑하며 살겠습니다. 가난해도 좋습니다.

아무도 알아주지 않아도 좋습니다.

모든 상황과 환경에 감사하며, 다른 생각하지 않고, 주님이 사랑하는 조선에 꼭 붙어있겠습니다.'

언젠가 메모장에 써 놓았던 글이다.

－ 주님이 자꾸 사랑한다 하시니 꿈쩍도 못하겠습니다.

그래서 이 땅에 또 삽니다. 그 땅이 하나님의 영광으로 빛나고 있다.

"이스라엘 하나님의 영광이 동쪽에서부터 오는데 하나님의 음성이 많은 물 소리 같고 땅은 그 영광으로 말미암아 빛나니" － 에스겔 43장 2절

"나 여호와가 의로 너를 불렀은즉 내가 네 손을 잡아 너를 보호하며 너를 세워 백성의 언약과 이방의 빛이 되게 하리니" － 이사야 42장 6절

이사야 55장 5절 말씀은 이스라엘을 회복시킬 한 이방인 민족이 있다고 말한다. 그러나 그 민족은 아무도 모르는 나라가 될 것이라고 기록되어 있다.

이스라엘을 회복시킬 수 있는 아무도 모르는 나라, 조선은 하나님 나라의 비밀일 것이다. 하나님의 계획 아래 조선을 꽁꽁 숨겨 놓고 있었다고 믿는다. 주님은 "내가 조선을 사랑한다" 말씀하시며 드러내시고 있다.

"내가 나의 공의를 가깝게 할 것인즉 그것이 멀지 아니하나니 나의 구원이 지체하지 아니할 것이라 내가 나의 영광인 이스라엘을 위하여

구원을 시온에 베풀리라" - 이사야 46장 13절

이제 주님이 빛을 비추기 시작한다.

사랑하는 자들이 와서 그들을 보길 원하신다.

"이는 만물이 주에게서 나오고 주로 말미암고 주에게로 돌아감이라
그에게 영광이 세세에 있을지어다 아멘" - 로마서 11장 36절

함께 가자

"나의 사랑하는 자가 내게 말하여 이르기를 나의 사랑, 내 어여쁜 자
야 일어나서 함께 가자 겨울도 지나고 비도 그쳤고 지면에는 꽃이 피
고 새가 노래할 때가 이르렀는데 비둘기의 소리가 우리 땅에 들리는
구나 무화과나무에는 푸른 열매가 익었고 포도나무는 꽃을 피워 향
기를 토하는구나 나의 사랑, 나의 어여쁜 자야 일어나서 함께 가자" -
아가 2장 10-13절

나에게 일본 성도들은 이 땅에서 만난 가족이다.

주님은 일본 성도들을 통해서 일본을 보고 알게 하고 있다.
성도들과 함께 찬양하고 예배하며 교제하는 시간들은 내게 쉼
이요, 기쁨이다.

한 여자 성도(소타니상)는 "좋은 것을 보면 우리 부부가 생각난
다"라며 늘 웃음으로 함께 한다.

"맛있는 쌀이에요. 맛있는 밥 드시라고 저희 것 사면서 샀

어요."

"사모님이 입으면 너무 이쁠 것 같아서 하나 샀어요."

하얗고 예쁜 블라우스 선물을 받고 이런 귀한 마음을 받아도 되나 싶어서 가슴이 먹먹했다.

뜻하지 않게 우리 부부는 일본인 성도들을 통해서 늘 위로를 받는다. 조선 사람들 이야기를 하면 눈을 동그랗게 뜨고 함께 들어주며 기도해주는 이 일본인 성도들이 참 귀하다.

조선학교 사역이 있을 때마다 기도로 온 성도가 마음을 모은다.

"조선학교 가실 때 기름값 하세요. 조선학교 방문하려고 오는 선교팀에게 맛있는 밥 한끼라도 해주세요"라며 물질로 섬겨 주신다.

자동차로 섬겨주며, 아무리 멀어도 마다하지 않고 조선인들을 위해서 함께 달려온다.

조선인과 일본인을 함께 걷게 하신다.

하나님이 이들에게 특별히 부어주시는 은혜이다. 조선사람들의 이야기를 함께 나누는 것을 좋아하고 그들이 교회에 오는 것을 환영해주고 그들을 만나러 가는 것을 너무 기뻐한다.

"조선 사람들과 함께 이스라엘에 가요."

일본 성도들이 말했다.

2019년 5월 3일 금요일 저녁 기도하면서 받은 마음을 써 놓은 글이다.

'스바라시이 교카이니 우에라레데 이루코토니 칸샤!(멋진 교회
에 심겨져서 감사합니다)

가장 작은 나를,

가장 작은 교회를,

가장 작은 나라 조선을 사랑하시는 주님! 사랑합니다.

한국, 일본, 조선을 함께 걷게 하시니 감사합니다.'

"하늘에 있는 것이나 땅에 있는 것이 다 그리스도 안에서 통일되게 하
려 하심이라" – 에베소서 1장 10절

이 땅에 살면서 하나님은 얼마나 일본 영혼을 사랑하시고 그
들을 바라보고 계시는지 알게 하셨다. 일본 교회의 회복은 우
리 조선의 회복이다. 주님은 서로 용서하고 사랑하며 함께 가
기를 기다리고 계시며 그렇게 이루실 것이다.

"일어나라 빛을 발하라 이는 네 빛이 이르렀고 여호와의 영광이 네 위
에 임하였음이니라 보라 어둠이 땅을 덮을 것이며 캄캄함이 만민을
가리려니와 오직 여호와께서 네 위에 임하실 것이며 그의 영광이 네
위에 나타나리니" – 이사야 60장 1-2절

이 땅의 순교의 피를 아시지만 아직은 가만히 있을 수밖에
없는 하나님 마음을 조금은 알 것 같다. 조선을 숨겨 놓으셔야
했던 주님은 일본 땅을 이처럼 복음에 가난한 나라가 되게 하
셨다고 생각됐다. 복음이 없는 이 땅에 우리 조선이 드러날 수

가 없다.

"누구든지 등불을 켜서 그릇으로 덮거나 평상 아래에 두지 아니하고 등경 위에 두나니 이는 들어가는 자들로 그 빛을 보게 하려 함이라 숨은 것이 장차 드러나지 아니할 것이 없고 감추인 것이 장차 알려지고 나타나지 않을 것이 없느니라" - 누가복음 8장 16-17절

조선을 너무 사랑하시고 주님의 영광이 크시기에 아껴두시고 계셨다고 믿는다. 가장 깨끗하고 정결하게 하나님의 방법으로 보호하시며 지키고 있었다고 믿는다. 조선을 순결한 신부로 당신의 영광이 되게 하시기 위함이리라.

"나의 사랑 너는 어여쁘고 아무 흠이 없구나" - 아가 4장 7절

"너는 동산의 샘이요 생수의 우물이요 레바논에서부터 흐르는 시내로구나" - 아가 4장 15절

2020년 2월, 뉴질랜드에서 우리학교 아이들을 만나기 위해 팀이 왔다. 팀원 중 한 명이 "혹시 어떠한 도움을 주다가 이들의 깨끗함과 순수함, 아름다움이 깨어질까봐 걱정이 된다"며 "이 대로 좋지 않은가?라는 질문이 생겼다"고 말했다.

그리고 뉴질랜드에서 태어나 자란 에스더(부모가 한국인)는 "한국에 가도 마음이 편하지 않고 같은 민족이라는 것을 느끼지 못했다"라고 했다.

우리학교 아이들의 눈을 보고 그들과 함께 하면서 '내가 이들과 같은 민족이구나! 가족이구나! 우리 민족이 이렇게 예쁘고 아름답구나'라는 생각이 들면서 "이들과 살고 싶다"고 울며 고

백했다.

사실 우리학교에 있는 내내 에스더는 계속 울고 있었다.

2019년, 한국 TV에서 우리학교, 조선인들의 이야기를 방송한 적이 있다. '이제는 많은 사람들이 조선사람들을 알게 되겠구나'라고 생각했다.

하지만 주님은 세상의 방법으로 조선을 드러내지 않으시고 있다. 주님을 사랑하는 사람들이 주님이 사랑하는 조선을 알기를 원하시고 있다. 계속 기다리고 계신다.

하지만 아직도 사람들은 두려워하고 있다.

우리학교에 가면 아이들과 선생님들은 "목사님, 사모님" 하고 부른다.

"목사님이라고 불러도 됩니까?"

"찬양을 해도 됩니까?"

가끔씩 오는 팀들이 두려워 묻는 말이다.

주님이 빛을 비추시고 있는데 우리들은 아직도 떨고 있음을 본다.

'내가 조선을 사랑한다.

사랑하는 자야 일어나 함께 이들을 사랑하자!'

나도 조선입니다

"보라 형제가 연합하여 동거함이 어찌 그리 선하고 아름다운고 머리
에 있는 보배로운 기름이 수염 곧 아론의 수염에 흘러서 그의 옷깃까
지 내림 같고 헐몬의 이슬이 시온의 산들에 내림 같도다 거기서 여호
와께서 복을 명령하셨나니 곧 영생이로다" – 시편 133편 1–3절

이성로 목사님이 2019년 10월 이스라엘에 다녀온 후 블러그
에 올린 글이다.

「One Korea와 One New Man을 말하는 사람을 만났다.

나는(이성로 목사) 그 사람에게 조선을 말했다.

나는 두 달 동안 이스라엘 갈멜(케힐랏)에서 '한 새 사람의 예
배'를 드리고 왔다.

밤 11시부터 새벽 1시까지는 러시아에서 알리아한 유대인이
기도를 하고 1시부터 3시까지는 아랍인이 기도를 하고 3시부
터 5시까지는 내가 기도(와치)를 했다.

어느 누가 이런 기도를 해봤을까?

코리안(이방인)과 유대인과 아랍인이 한 장소에서 함께 기도
하고 예배하는 시간!!!

에베소서 2장 15절의 '한 새 사람'의 말씀은 이미 성취되
었다.

"법조문으로 된 계명의 율법을 폐하셨으니 이는 이 둘로 자기 안에서 한
새 사람을 지어 화평하게 하시고" – 에베소서 2장 15절

아직 부족한 것은 이방인의 충만한 수만 남아있을 뿐이다.

나는 오늘 만난 사람에게 마지막 이방인(땅끝)인 일본 속에 살아가고 있는 60만 명의 조선인들을 소개했다.

오늘 만난 사람은 나에게 말했다. 진정한 한 새 사람과 통일 코리아는 60만 명의 조선인이 꼭 함께 있어야 한다고. 이스라엘의 회복의 역할을 감당해야하는 이 땅의 마지막 이방인이 된 조선인.

북한도 알고 한국도 알고 일본도 알고 중국도 알지만 이 세상 그 누구도 모르는 나라가 있다. 바로 조선이다.

이사야 55장 5절에 기록된 '아무도 모르는 나라'는 어디일까? 나는 조선도 포함되어 있다고 믿고 있다.

이스라엘에서 가장 동쪽에 위치한 중국, 한국, 일본. 한중일의 연합을 외치며 에스겔 43장 2절을 이야기하고 있지만 정말 동쪽 끝에 숨겨져 있는 가장 땅 끝, 동방에 있는 60만 명의 조선인을 알고 있는 사람들은 거의 없다. 이제 때가 되매 그 조선을 주님이 이 세상에 드러내고 계신다.

만난 그 사람은 조선을 가슴에 품은 듯했다. 그리고 "One Korea와 One New Man을 더 진지하게 생각하게 되었다"고 말했다.」

TV에서 '말모이'라는 영화를 보았다. 영화를 보면서 체신부에 일하던 사람이 했던 말이 생각났다.

'나도 조선 사람입니다'.

영화 내용에 '조선'이라는 말을 들으면 가슴이 뭉클하고 뜨거워지는데…. 현실 세상에서 '조선'이라는 말을 꺼내면 분위기가 갑자기 차가워지는 건 왜일까?

11살, 14살, 21살에 부모님을 따라 캐나다로 이민 갔던 40대 교포 3명을 조선인들과 함께 만났다. 한국 사람으로 태어났지만 지금은 캐나다 사람으로 살고 있는 동포들이다. 그들이 일본도 북한도 한국도 아닌 조선 사람으로 5대째 살아가고 있는 사람들을 만난 것이다. 많은 부분에서 공통점을 가지고 있는 이들의 대화 속에서 깨달은 것이 많았다.

'나는 누구인가?'

우리는 복잡하면서도 많은 이야기를 나누었다.

심각했지만 웃으면서 나름 내려진 우리들만의 결론은 '나는 나이다', '나는 나 일뿐이다'라는 것이었다.

사람을 차별 없이 대하셨던 예수님, 차별 없는 사랑을 받은 우리지만 우리는 서로 차별하며 살아가고 있지는 않은가?

"무당집이 없어지게 해달라"고 특별 새벽기도회를 열었던 어느 교회 집사님을 만난 적이 있다.

저는 그 집사님에게 이런 질문을 했었다.

"집사님, 교회에서 교회 바로 옆에 있는 무당집이 없어지게 해달라고 기도하기 전에 혹시 그 무당의 영혼을 위해서 기도했던 적은 있었나요?"

무당집은 없어져야 하지만 무당의 영혼은 구원받아야 하지 않는가? 천하보다 귀한 것이 한 영혼이라 했는데….

조선인을 말하려고 하면 사상과 이념이 먼저 모든 말을 막아 버릴 때가 있다. 사상과 이념은 다르지만 반드시 그런 것들은 복음 앞에서 무너지고 없어져야 한다. 그래서 60만의 영혼은 예수님이 필요하다.

눈먼 바디메오를 예수님께로 인도했던 사람들처럼 이제는 누군가 60만의 조선의 영혼을 주님께로 인도해야 되지 않을 까? 무당은 예수가 필요 없나요? 나와 생각과 사상이 다른 사람은 모두 죽으면 지옥에 가는 것이 마땅한가요? 죽으면 당연히 지옥으로 떨어져야만 하는 사람들이 있을까요?

당신이 지금까지 영원한 복음의 이방인으로 살아가야 했던 조선인들에게 복음을 전하고 그들을 위해 기도하는 사람이 되어보지 않겠습니까?

한국과 너무나 가까운 일본! 그리고 그 땅에서 온갖 차별과 냉대를 받아가며 71년 동안 살아가고 있는 사람들 아프리카 소수 민족에게도 선교사를 파송하고 북한 선교도 열심히 감당하고 있는 한국교회지만, 현재 일본에 있는 60만 명의 조선인을 위해 파송된 선교사는 찾아보기 힘들다.

2019년 봄, 뉴스에서 소개된 故김복동 할머니의 삶 그리고 위안부 문제와 함께 세상에 알려지게 된 우리학교!!!

세상이 먼저 그들에게 손을 내밀었지만 이제 그들을 예수님께로 인도해야 할 의무는 바로 우리 크리스천들에게 있다.

6부

기쁨의 노래

루디아

"우리가 드로아에서 배로 떠나 사모드라게로 직행하여 이튿날 네압 볼리로 가고 거기서 빌립보에 이르니 이는 마게도냐 지방의 첫 성이 요 또 로마의 식민지라 이 성에서 수일을 유하다가 안식일에 우리가 기도할 곳이 있을까 하여 문 밖 강가에 나가 거기 앉아서 모인 여자들 에게 말하는데 두아디라 시에 있는 자색 옷감 장사로서 하나님을 섬 기는 루디아라 하는 한 여자가 말을 듣고 있을 때 주께서 그 마음을 열어 바울의 말을 따르게 하신지라 그와 그 집이 다 세례를 받고 우리 에게 청하여 이르되 만일 나를 주 믿는 자로 알거든 내 집에 들어와 유하라 하고 강권하여 머물게 하니라" – 사도행전 16장 11–15절

2018년 9월. 안지현 선교사님이 계시는 고베(하늘 문) 산노미 야로 이사를 했다. 고베 중앙구에 위치한 집이다. 모든 전철(일 본은 공·사기업으로 구분해 전철 종류가 많다)을 가깝게 이용할 수 있는

교통이 편한 지역이다.

이곳으로 온 이유는 한가지다. 조선인들을 더 자주 만나고 싶다는 이유다. 오사카 마츠바라 집은 멀어서 모두가 찾아오기를 꺼려 했다. 그래서 조선인들과 함께 모일 수 있는, 찾아오기 쉬운 장소에 센터를 달라고 기도하고 있었다.

그러던 어느 날 차를 타고 우리학교를 가는 중에 창문 밖으로 보이는 많은 건물들을 보면서 '이 많은 건물 중에 조선인들 모일 집 하나가 없구나'라고 생각했다. '저런 것이면 되는데…'라고 생각하는 순간 주님이 '준비해 놨다'라는 감동을 주셨다.

우리가 조선인을 품으면서 기도를 시작할 때 일천번제 기도로 함께 동역해주시는 가난한 조 권사님이 계시다. 한국에서 마지막 섬기던 대전에 있는 교회의 권사님이다. 일찍이 혼자 되셔서 아들 둘을 키우시고 교회에서는 보이지 않는 곳에서 빛도 없이 봉사하신다.

"늘 이렇게 힘든 일만 하시냐?"고 물으면 "주님이 너무 좋아서 그런다"고 답하신다.

아무도 우리 부부를 봐주지 않을 때도 권사님은 묵묵히 기도해 주셨다. 권사님과는 작은 것 하나라도 마음을 나누고 있다.

기도하는 중에 '고베 안 선교사님 센터면 조선인들이 모이는 곳으로 좋지 않나?'라는 마음이 들었다. 선교사님만 허락하시면 응답이라고 생각하고 있었다. 8월 마지막 주 토요일 저녁 조

권사님과 전화 통화를 하며 우리의 마음을 전했다.

다음날 주일 아침 일찍 전화가 왔다.

조 권사님은 우리에게 루디아가 준비되어 있다고 하셨다. 조 권사님은 고베 상황을 전혀 모르셨다. 그럼에도 아무 걱정 하지 말고 움직이라고 하셨다.

오후에 예배가 끝난 후 고베 안 선교사님께 전화를 드렸다. "조선인들의 센터로 선교사님 센터가 좋을 것 같아 가고 싶다"라고 했다. 말을 하면서도 내 자신이 뻔뻔스럽다고 생각했다.

지금 생각하니 아무것도 없는 우리 부부가 무슨 배짱으로 가겠다고 한 것인지 모르겠다. 그런데 안 선교사님께서는 그런 우리의 조금의 망설임도 없이 오라고 하셨다.

다음날 당장 옷가지를 챙겨서 고베 센터로 갔다.

안 선교사님은 타츠미에서 처음 만난 때부터 지금까지 하는 이야기가 있다.

"내가 빨갱이한테 복음 전한다고 한국에서 못 들어오게 하면 이 땅에서 평생 살아도 돼요. 결혼도 안해서 챙길 사람도 없으니 그들에게 복음 전하는 자로 살 거예요."

안 선교사님은 정말 든든한 루디아이다.

하나님의 뜻대로 부르심을 입은 자들이 모여서 선을 이루어 간다.

'주님! 이곳에 사랑하는 조선인들이 와서 예배하게 하소서!

그들이 와서 마음껏 먹고 웃게 하소서!'

하늘의 문

"야곱이 잠이 깨어 이르되 여호와께서 과연 여기 계시거늘 내가 알지 못하였도다 이에 두려워하여 이르되 두렵도다 이 곳이여 이것은 다름 아닌 하나님의 집이요 이는 하늘의 문이로다 하고 야곱이 아침에 일찍이 일어나 베개로 삼았던 돌을 가져다가 기둥으로 세우고 그 위에 기름을 붓고 그 곳 이름을 벧엘이라 하였더라 이 성의 옛 이름은 루스더라" - 창세기 28장 16-19절

한자 고베(神戶)는 하늘의 문이라는 뜻이다.

히브리어로 '벧엘'이라는 뜻을 가지고 있다. 우리나라 보다 250년 일찍 복음이 들어온 도시이다. 우리가 있는 센터 뒤쪽에 고베를 둘러싸고 있는 큰 산 료코산(六甲山)이 있다. 많은 등산가들이 좋아하는 산이다.

우리 부부는 산에 가는 것을 좋아한다.

시간이 허락되고 주위에 산만 있으면 그 산에 가는 것을 즐긴다. 그러니 바로 앞에 산이 있으니 올라갔다. 센터에서 1시간 30분쯤 걸어서 올라갔더니 산 중턱에 도착했다.

큰 호수가 있고 주위는 공원으로 되어 있고 삼림욕도 즐길 수 있게 단정하고 깨끗이 잘 정돈되어 있었다. '산 위에 이렇게 이쁜 곳이 있구나' 생각했다. 삼림욕을 하기 위해 길 따라 계속 올라갔다.

10분 정도를 오르니 중앙에 큰 철문이 있고 다른 길 옆에 쪽문이 있었다. 중앙문은 닫혀 있어서 쪽문을 열고 길을 따라 올랐다. 그런데 갑자기 눈앞에 온통 십자가가 보였다.

'주님, 여기에 십자가가 이렇게 많았네요.'
도시에서는 볼 수 없는 십자가가 그곳에 가면 많이 있다. 양화진 선교사의 무덤보다 더 넓은 곳에 외국인 묘지라고 쓰여있었다. 그래서 많은 사람들은 단순히 외국인들이 묻혀 있는 묘지로 알고 있다.

고베 외국인 묘지에 있는 십자가 무덤

양화진 무덤에 묻혀 있는 메리 스크랜턴 선교사의 아들 윌리엄 스크랜턴이 이곳에 묻혀 있다. 한국에서 복음을 전하다가 미국으로 돌아가기 전에 잠시 고베에 들렀던 윌리엄 스크랜턴은 결국 고베에서 죽음을 맞이했다. 시간이 흘러 그가 죽고 70년이 지나서야 그의 존재가 드러났고 외국인 묘지라고 부르는 공원에 안치될 수 있었다.

교토에서 출발하여 나가사키까지 630km의 거리를 걸어갔던 순교자의 길이 센터 바로 앞을 관통하고 있다. 센터가 세워진 건물터는 예전에는 빈민촌이었고 가난한 동네였다고 한다.

센터 바로 옆에 카가와 도요히코의 기념관이 있다. 건물 5층에는 일본식 가정 백반으로 런치와 커피가 저렴한 가격에 준비된다.

우리 부부는 가끔 그곳에서 카가와 도요히코를 만나고 온다.

하나님과 걷는 하루(카가와 도요히코의 기도문)

나와 동행하시는 주여
당신의 사랑과 진실을 나의 것으로 만드시어
오늘도 내일도 걷게 하여 주소서.
나와 동행하시는 주여
당신의 기도와 염려를 나의 것으로 만드시어
오늘도 내일도 걷게 하여 주소서.
나와 동행하시는 주여
당신의 부르짖음과 기도를 나의 것으로 만드시어
오늘도 내일도 걷게 하여 주소서.

카가와 도요히코의 기도가 동일하게 나의 기도가 됨이 감사하다.

'하나님의 집, 하늘의 문'이라는 벧엘은 고베의 한자와 영적으로 일치하는 부분이 많다. 항구도시이기에 서양 문물이 들어왔고 따라서 복음도 들어왔다. 고베 중심에 있는 거리에는 아메리칸 거리가 있고 하버랜드라는 야경이 멋진 관광지에는 메리켄파크라는 곳도 있다. 이곳은 일본이 일찍부터 서양문물을 받아들이고 서양의 문화와 종교도 받아들였던 흔적들이 남아 있다.

이스라엘의 건국 80년 전, 아니 그 이전부터 이스라엘의 회복을 위해 기도했던 나라가 있다. 바로 전체 인구 중 기독교인이 1%로도 안 되는 일본이다.

일본 땅을 사랑하시어 놀라운 계획을 가지고 계신 주님, 그리고 이 땅 안에 숨겨둔 원형의 조선…. 주님은 왜 많은 나라 중에 일본 땅에 조선을 들어오게 하셨을까?

일본 땅에 '조선을 숨겨 놓기 가장 좋다'고 생각하신 것이다. 이 땅에 숨기셨으니 이 땅을 먼저 복음으로 드러내실 것이다. 그래야 숨기신 것도 드러난다.

이성로 목사님은 아침, 저녁마다 가능한한 정한 시간에 쇼파르(양각 나팔)를 불고 있다. 그리고 선포한다.

'이 땅의 회복을 주소서.

이 땅의 교회를 회복하소서.

이 땅에 숨겨둔 원형의 조선을 회복시키소서.

이제는 서로 사랑하며 함께 찬양하게 하소서.'

기쁨을 전하는 사람들

"아름다운 소식을 시온에 전하는 자여 너는 높은 산에 오르라 아름다운 소식을 예루살렘에 전하는 자여 너는 힘써 소리를 높이라 두려워하지 말고 소리를 높여 유다의 성읍들에게 이르기를 너희의 하나님을 보라 하라" – 이사야 40장 9절

해마다 몇 년째 우리학교에 와서 아이들과 만나고 그 아이들을 마음에 품고 기도하고 있는 교회의 성도와 청년들이 있다. 우리학교는 이념과 사상으로 많은 교회들이 함께 하지 못하는데 한국에서 조선인들에게 마음을 열어 준 첫 교회이다.

아직까지 교회에서 조선학교, 조선인들을 만나기 위해 오는 팀은 없다. 하고 싶은 성도나 목회자들도 교회 모든 분위기를 보아야 하는 입장이라서 어려워하는 게 사실이다.

하나님은 하나님의 일을 하실 때 많은 사람을 부르시는 것은 아닌 것 같다. 가장 작은 것을 통해서 하나님의 비밀을 알게 하신다.

많은 교회들이 일본으로 아웃리치를 온다.

우리가 다니고 있는 메구미나 채플에도 많은 한국 단기 선교팀들이 오고 있다. 처음엔 우리학교를 알리고 싶어서 이야기도 많이 했다. 하지만 우리학교 이야기를 듣고는 어려워하거나 부담스러워한다.

"우리는 일본 선교로 온 것입니다."

일산 조이풀교회도 일본교회 메구미나 채플 교회로 아웃리치를 온 팀이었다.

매번 그러하듯 한국에서 일본 선교를 위해 온 팀은 조선학교에는 관심도 없을 거라 생각해서 조선학교와 조선인 이야기를 할 필요는 없다고 생각했다. 우리 스스로도 '한국교회는 아직 아니다'라고 생각했다. 솔직히 말하면 계속되는 거절이라는 두려움에 더 이상 말을 못하고 있는 것이었다.

그런데 한밤중에 성경 구절이 들렸다.
"밤중에 소리가 나되 보라 신랑이로다 맞으러 나오라 하매" – 마태복음 25장 6절
"예루살렘이여 내가 너의 성벽 위에 파수꾼을 세우고 그들로 하여금 주야로 계속 잠잠하지 않게 하였느니라 너희 여호와로 기억하시게 하는 자들아 너희는 쉬지 말며" – 이사야 62장 6절

나는 주님께 기도했다.
'주님, 이곳에 복음을 모르고 외로이 살아가고 있는 우리학교 아이들이 있습니다. 조선인들이 있습니다.
이들에게도 사랑이 필요하고 관심이 필요합니다.'
"후에 그들에게 이르기를 우리가 당한 곤경은 너희도 보고 있는 바라 예루살렘이 황폐하고 성문이 불탔으니 자, 예루살렘 성을 건축하여 다시 수치를 당하지 말자 하고 또 그들에게 하나님의 선한 손이 나를

도우신 일과 왕이 내게 이른 말씀을 전하였더니 그들의 말이 일어나 건축하자 하고 모두 힘을 내어 이 선한 일을 하려 하매" - 느헤미야 2장 17-18절

하나님의 일은 눈에 보이지 않는 영적인 일이기에 믿음을 통해서만 말씀으로 하나님의 뜻을 알 수 있다. 하나님의 뜻을 알았기에 주님이 부탁하신 것을 하자고 외쳐야 되는 것이다.

조이풀교회에 복음이, 사랑이 필요한 곳이 있다고 우리학교에 한 번 가보자고 전하였다. 교회가 열어 주었고 팀 모두가 기쁨으로 함께 해주었다.

일본 땅에 이런 학교가 있는 줄을 몰랐고 북한과 관계있는 무서운 곳이라고 생각했다고 했다. 이렇게 쉽게 들어갈 수 있는 학교라는 것을 신기해했다.

막상 학교에 들어와 보니 밝은 아이들의 모습이 참 예쁘고 우리 말과 문화를 지키며 살아내고 있는 아이들과 학교에 미안하다고 했다.

조이풀교회에서는 매년 1~2월에 두 팀으로 나누어서 아웃리치를 오고 있다. 일본 땅을 밟으며 그 땅 안에 있는 조선학교를 만나고 조선인들을 만난다. 아이들을 만나고 선생님들을 만나고 부모님들을 만나면서 그 영혼을 주님의 마음으로 품는다.

"하나님 나라의 비밀을 알게 하시고 그 일에 기도로 함께 하는 것으로도 너무 감사하고 영광입니다. 별로 할 수 있는 게 없

어 늘 부족하고 연약함을 느끼지만 그래도 기도하는 자로 서있 겠습니다."

3년이 지났는데도 팀으로 왔다가신 어느 집사님이 중보하며 보내신 글이다.

"알게 하셨으니 기도하겠습니다."

모두의 고백을 받으신다.

우리 부부에게 조이풀교회 팀은 단순히 아웃리치 팀이 아니 다. 함께 웃고 울고 넘어지면 다시 세워주는 가족과 같다.

'주님, 더 잘 할 수 있는 사람을 통해서 하시면 좋을 텐데요.

우리는 아무 가진 것이 없어서 이들에게 잘 할 수도 없고 주 님 사랑 전하기도 어려워요. 아무것도 할 수 없는 저희를 통해 서 언제 일하시게요.'

주님께 푸념할 때도 종종 있다.

학교에 갈 때 빈손으로 가는 것은 마음이 어렵다.

입학하는 아이, 졸업하는 아이, 적은 월급도 제 때에 못 받으 시는 선생님들, 좁은 주방에서 아이들 급식 만드는 어머니들, 오래된 학교를 시간이 날 때마다 오셔서 보수하시는 아버지들, 경로행사, 학교생일, 운동회, 크리스마스 행사 등 많은 일에 두 손 풍성히 학교에 가고 싶다.

우리가 가진 최선의 것을 들고 가지만 늘 미안하고 애잔하 다. 그래서 많이 줄 수 있는 사람이 하면 좋겠다고 생각했다.

조이풀교회는 이런 우리 부부를 토닥토닥하며 그래도 괜찮다고 해준다.

"모든 성도 중에 지극히 작은 자보다 더 작은 나에게 이 은혜를 주신
것은 측량할 수 없는 그리스도의 풍성함을 이방인에게 전하게 하시
고 영원부터 만물을 창조하신 하나님 속에 감추어졌던 비밀의 경륜
이 어떠한 것을 드러내게 하려 하심이라" – 에베소서 3장 8-9절

언젠가 우리학교 엄마들이 물은 적이 있다.

"목사님 부부는 어떻게 사시는 거예요? 나라에서 돈을 주는
거예요?"

우리는 먹이시고 입히시는 하나님 나라의 은혜로 살고 있다.

조이풀교회 선교팀은 이런 우리를 마음껏 웃게 한다. 기쁨이
넘쳐 웃음이 넘쳐나리라! 웃음 바이러스를 가지고 온 팀이 있
었다. 어쩜 그리들 잘 먹고 잘 웃는지 10대 소녀들 같았다. 일주
일동안 그들의 웃음 바이러스가 일본 땅에, 그 속에 살고 있는
조선인들에게 전파되는 것 같았다.

언젠가 나고야에서 혼자 지내며 대학에 다니는 아들이 오사
카 집에 잠깐 다녀갔다. 잘 먹고 잘 자고 갔다고 생각했다. 그런
데 아들은 엄마, 아빠 생각에 너무 마음이 아파서 나고야로 가
는 전철에서 내내 울었다고 했다.

아들은 학교를 다니면서 레스토랑에서 아르바이트를 했다.
밥을 먹고 나서 그릇을 치우고 상을 닦는 손이 예전의 아들과
달라 나 또한 어미로서 애잔했다. 그런 내게 "내 뒤에 든든한 분
이 보고 있다는 것이 느껴져서 뭘 해도 걱정이 안돼"라고 아들

이 말했다.

아빠, 엄마가 조선인들 바라보고 있느라 아들을 많이 바라보지 못했다. 그런데 하나님이 아들을 바라봐주셨다.

'주님! 아들을 바라보고 계셔주셔서 감사합니다!'

지금은 군대에 있는 아들이 매일 저녁 전화를 한다.(요즘 군대는 좋다) 군대가 너무 재밌고 좋단다. 모두가 힘들다는 군대가 재미있다고 하는 걸 보면 일본에서 혼자 지내느라 외로웠나 보다.

"조이풀교회에서 이번에도 와?" 아들이 묻는다.

"응."

"엄마~ 감사하다. 그치?"

2019년 2월, 딸과 함께 일산에 간 적이 있다.

딸은 교회 선교팀에서 편히 쉬라고 섬겨주는 잠자리와 섬겨주는 맛있는 음식이 너무 고맙고 감사하다고 했다.

조이풀교회 선교팀

"아빠, 엄마가 사랑받는 것 같아서 좋다"고 했다.

이렇게 주님은 충전이 필요할 때마다 조이풀교회를 통해서 채워주신다. "잘 하고 있으니 포기하지 말라"고 등을 두드려 주시는 것 같아 힘이 난다. 이것으로 충분히 따뜻하다.

"우리가 알거니와 하나님을 사랑하는 자 곧 그의 뜻대로 부르심을 입은 자들에게는 모든 것이 합력하여 선을 이루느니라" – 로마서 8장 28절

걱정하지 말아요

"두려워하지 말라 내가 너와 함께 함이라 놀라지 말라 나는 네 하나님이 됨이라 내가 너를 굳세게 하리라 참으로 너를 도와 주리라 참으로 나의 의로운 오른손으로 너를 붙들리라" – 이사야 41장 10절

'엄마, 지금 끊어진 것을 붙이려는 거야?'

'하나의 꿈' 여행 마지막 날 여섯 살 나유가 엄마에게 물었다. 이 말을 들은 나유 엄마(유미 씨)의 큰 눈에서 눈물이 흘렀다.

나유 아빠는 자전거수리점을 하고 엄마는 수리점 한쪽에서 타코야키를 만들어서 팔고 있다. '나유타코'라고 상호명을 걸고 예쁘게 살고 있는 조선인 가정이다.

2020년 새해가 되면서 우리학교에 선교팀이 왔다.

그들과 나유타코를 축복해 주고 싶었다. 나유 엄마는 늘 만날 때마다 말하곤 한다.

"우리가 이렇게 사랑을 받아도 되겠습니까?"

사랑받는 것이 어색해서 미안해 하는 모습에 왠지 더 미안했다.

한 형제가 기타 연주를 시작하면서 노래를 불렀다. 유미 씨 눈에서 눈물이 흘렀다.

"유미 씨 왜 울어요?"

"저 노래 제가 많이 좋아하는 노래여서 그럽니다. 가사가 너무 좋습니다."

'그대여 아무 걱정하지 말아요
우리 함께 노래합시다
그대 아픈 기억들 모두 그대여
그대 가슴에 깊이 묻어 버리고
지나간 것은 지나간 대로 그런 의미가 있죠

어떤이에게 노래 하세요
후회없이 사랑했노라 말해요
그대는 너무 힘든 일이 많았죠
새로움을 잃어 버렸죠
그대 슬픈 얘기들 모두 그대여
그대 탓으로 훌훌 털어버리고
지난간 것은 지나간 대로 그런 의미가 있죠'

타코를 사기 위해 온 손님께 드리려고 타고를 굽고 그 손님
이 가도록 유미 씨는 울고 있었다. 사실 한 주 전에도 유미 씨는
울었다. 먼저 온 선교팀이 기쁨의 축제를 열었을 때다.

키보드와 기타 연주로 축제를 열었다. 나는 전날 새벽까지
키보드를 치는 자매와 기타를 치는 형제가 너무도 열심히 준비
하는 것을 보았다.

그들이 '어떻게 하면 기쁘게 해드릴 수 있을까?'를 궁리하고
생각하며 서로 연습하는 모습에 감동했었다. 다음날 낮에도 나
유타코를 가기 전까지 선교팀은 주방에선 맛있는 치즈 닭갈비
를 만들고 찬양을 부르며 하루 종일 한 가정을 위해서 집중했
다. 나는 그 모습에 또다시 감동했다.

그 팀 안에 흐르는 기쁨이 넘쳐 웃음으로 모두가 즐거웠다.

'주님 오늘 저녁 나유타코에서 일하여 주세요. 그 곳에 당신
의 사랑이 흐르게 하세요. 이 기쁨이 동일하게 흐르게 하소서.'

우리학교 엄마들이 나유타코에 참석해서 파티를 함께 했다.
'웃음이 넘쳐나리라'

웃음이 넘쳐났고 찬양이 넘쳐났다.

나유타코에 있는 모든 사람이 하나가 되었다. 조선인들과 한
국에서 온 선교팀이 하나가 되었다. 언어가 같으니 너무 좋다.
우리학교 엄마들이 한국에서 온 집사님들과 같은 엄마로 이야
기하는 모습에 눈물이 났다.

한쪽에 서서 이들을 지켜보고 있는 내게 나유 아빠가 다가

왔다.

"사모님 우리는 우리학교를 꼭 지켜야 합니다. 우리학교는 그냥 학교가 아닙니다. 우리학교는 우리들의 나라입니다. 나라가 사라지면 안됩니다."

너무도 강력히 들려오는 메시지 같은 소리였다.

"나라가 사라지면 우리 나유는 어떻게 합니까? 나유를 위해서라도 꼭 지킬 것입니다."

'나라'라는 말에 가슴이 무너졌다.

"그 나라 제가 너무 사랑합니다. 그 나라 나보다 더 사랑하는 주님이 함께 하시며 보고 계십니다"라고 하자 나유 아빠의 눈에 눈물이 고였다.

'주님 이들이 스스로를 나라라고 합니다.

아무도 모르는 나라가 있습니다.

이 나라를 속히 구원하여 주소서.

더 큰 하나님 나라를 소망하며 살게 하소서

이들이 걱정하지 않게 하소서!'

작은 구름들

"아합이 먹고 마시러 올라가니라 엘리야가 갈멜 산 꼭대기로 올라가서 땅에 꿇어 엎드려 그의 얼굴을 무릎 사이에 넣고 그의 사환에게 이르되 올라가 바다쪽을 바라보라 그가 올라가 바라보고 말하되 아무 것도 없나이다 이르되 일곱 번까지 다시 가라 일곱 번째 이르러서는 그가 말하되 바다에서 사람의 손 만한 작은 구름이 일어나나이다 이르되 올라가 아합에게 말하기를 비에 막히지 아니하도록 마차를 갖추고 내려가소서 하라 하니라" – 열왕기상 18장 42-44절

오사카에 처음 왔을 때 전철을 한 번에 제대로 잘 타고 목적지까지 가는 일이 어려웠다. 반대선으로 타든지, 처음부터 잘못 타든지, 환승를 안 하든지, 나오는 출구를 반대로 나와서 일대를 몇 시간씩 헤매든지….

'내 지혜가 없어 손과 발이 고생하는구나!'

얼마나 많은 시간을 길 위에서 보냈는지 모른다.

그러다가 세월이 흘러 깨닫는 사실이 있다. 후에 다른 어딘가를 찾아갈 때 많이 헤매면서 보았던 것을 기억하게 되어 쉽게 찾아갈 수 있게 되었다.

'버릴 것이 하나도 없구나!'

조선인들의 삶을 보고 있노라면 복잡한 전철 위에서 어느 선을 타야 하는지 몰라 서성거리고 있는 것 같다. 이 길이 맞는지 몇 번이고 확인하면서 불안함 속에 살고 있다. 난 그 시간을 이

들과 함께 헤매면서 시간이 걸려도 같이 가고 싶다.

　얼마 전부터 서울에 계신 이름 없는 분이 우리학교에 방탄소
년단 CD가 들어있는 많은 양의 앨범 전집을 선물로 보내주고
있다. 꽤 무겁고 비싼 물건이었다.
　유명한 아이돌이다 보니 우리학교 아이들이 많이 좋아할 것
같아서 세심하게 생각하고 보내주시는 것 같았다. 조선인 청년
들이 센터에 왔을 때 방탄 노래를 틀어주자 같이 있던 사람들
이 놀라워 했다.
　"이런 자리에 이 노래를 틀어주는 목사님이 놀라워요."
　방탄 앨범을 우리학교에 가져가면 아이들보다는 선생님들이
더 좋아한다. 선생님들이 다른 어느 때보다 기뻐하는 모습에
나도 깜짝 놀랐다.
　'우리 선생님들 이런 거 참 좋아하는구나!'
　방탄으로 선생님들 마음이 활짝 열렸다.
　"목사님, 이거 참 좋습니다. 유명한 아이돌이죠?"
　그렇게 환하게 웃으시는 선생님들의 웃음이 집에 와서도 계
속 생각났다.
　내가 복음을 위하여 모든 것을 행함은 복음에 참예하고자 함
이다.

　이성로 목사님은 음악을 참 좋아한다.
　건반 하나로 모두를 노래하게 한다.

일본에서 찾아가는 예배는 정말 좋은 것 같다. 이 땅에 교회가 없기에 교회를 본 적이 없는 사람들에게 건반 하나 들고 가서 서있는 곳에서 예배를 여는 것은 놀랍고 특별함이다.

우리는 조선인 가정에, 일본인 가정에 그들이 좋아하는 노래로 마음을 연다. 발라드로, 구성진 트로트로, 때로는 이태리 가곡으로 그들에게 맞춤 음악으로 다가간다. 좋아하는 가요로 시작하지만 놀랍게도 복음으로 주님이 인도해 가심을 매번 보게 하신다.

우리는 찬양으로 복음을 전하고 있다. 아직은 믿지 않은 우리학교 아이들과 엄마들에게 음악으로 복음이 흘러가고 있다.

"내가 죽었을 때 지금 부른 노래를 불러주시오."

한 번도 교회를 다녀 본 적 없는 할아버지가 하신 말씀이다.

할아버지께서 고른 노래는 '나 같은 죄인 살리신' 찬양이다.

"내가 모든 사람에게서 자유로우나 스스로 모든 사람에게 종이 된 것은 더 많은 사람을 얻고자 함이라 유대인들에게 내가 유대인과 같이 된 것은 유대인들을 얻고자 함이요 율법 아래에 있는 자들에게는 내가 율법 아래에 있지 아니하나 율법 아래에 있는 자 같이 된 것은 율법 아래에 있는 자들을 얻고자 함이요 율법 없는 자에게는 내가 하나님께는 율법 없는 자가 아니요 도리어 그리스도의 율법 아래에 있는 자이나 율법 없는 자와 같이 된 것은 율법 없는 자들을 얻고자 함이라 약한 자들에게 내가 약한 자와 같이 된 것은 약한 자들을 얻고자 함이요 내가 여러 사람에게 여러 모습이 된 것은 아무쪼록 몇 사람이라도

구원하고자 함이니 내가 복음을 위하여 모든 것을 행함은 복음에 참
여하고자 함이라" – 고린도전서 9장 19-23절

우리학교에 가는 날은 커피 한 잔을 하기 위해 나유타코에
들리곤 한다. 나유 엄마(유미 씨)는 와인에 유자를 갈아 넣어 계
피가루를 뿌린 유미표 와인을 만들어 준다.

여름엔 시원하게, 추울 때는 따뜻하게 내 마음을 적셔준다.

난 유미 씨가 만들어준 와인이 정말 맛있다.

"같이 마셔요. 유미씨."

"그런즉 너희가 먹든지 마시든지 무엇을 하든지 다 하나님의 영광을
위하여 하라" – 고린도전서 10장 31절

눈망울이 큰 나유 엄마는 늘 울 준비를 하고 있다. 사실 우리
학교 엄마들은 참 잘 운다. 만나도 울고, 헤어져도 울고, 웃다가
도 울고, 먹다가도 운다. 조선인들을 '눈물 속에 있는 꽃'이라고
이성로 목사님은 말한다.

"심령이 가난한 자는 복이 있나니 천국이 그들의 것임이요" – 마태복
음 5장 3절

얼마 전 한국에 있는 신학생들이 많은 악기들을 한국에서부
터 가져와 우리학교 아이들과 선생님을 위한 음악회를 열었다.
아이들을 사랑해서 좋은 것으로 함께하려는 마음이 통했는지
노래를 함께 부르는 우리학교 아이들 눈에 눈물이 들어있었다.
예쁜 찬양이 불려지고 있었다. 모두가 부둥켜 안고 서로를 축

복하는 모습을 주님도 보고 계시겠지!

'아주 먼 예날 하늘에서는 당신을 향한 계획있었죠.

하나님께서 바라보시고 좋았더라고 말씀하셨네.

이 세상 그 무엇보다 귀하게 나의 손으로 창조하였노라.

내가 너로 인하여 기뻐하노라.

내가 너를 사랑하노라.

사랑해요. 축복해요'

교실에서 찬양이 계속해서 흘렀다.

주님의 계획 아래 있는 일본 땅과 그 속에 숨겨 있는 우리학교 아이들과 한국에서 온 학생들, 그리고 이들을 보고 있는 나까지…. 복음은 모두를 따뜻하게 하고 하나가 되게 한다.

"화평하게 하는 자는 복이 있나니 그들이 하나님의 아들이라 일컬음
을 받을 것임이요" - 마태복음 5장 9절

우리 아이들을 처음엔 학교 안에서만 만났는데 이제는 밖에서 만나는 시간들이 많아지고 있다. 엄마들과 아이들과 함께 모여 밥도 먹고 놀 때가 자주 있다. 그저 평범한 아이들과 엄마들이다.

"목사님, 사모님! 고베에 파스타 맛있는 집이 있어요. 센터에서 가까우니까 파스타 먹고 맛있는 커피 마시러 가요."

"아이들 데리고 놀러와요. 김밥 만들어 줄께요."

'센터에 와서 같이 먹고 웃고 기쁨이 넘쳐나리라!'

우리학교 아이들과 함께 놀고 친구가 된 기준이가 한국으로 돌아가기 전 꼭 전해 달라고 했던 편지이다. 입고 있던 잠바와 선교 간다고 아빠가 사준 시계를 놓고 갔다.

"보라 형제가 연합하여 동거함이 어찌 그리 선하고 아름다운고 머리에 있는 보배로운 기름이 수염 곧 아론의 수염에 흘러서 그의 옷깃까지 내림 같고 헐몬의 이슬이 시온의 산들에 내림 같도다 거기서 여호와께서 복을 명령하셨나니 곧 영생이로다" – 시편 133편 1–3절

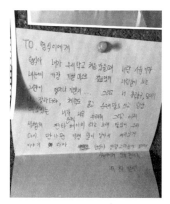

주님을 사랑하는 사람들이 한국에서 캐나다에서 뉴질랜드에서 미국에서 오고 있다. 그들은 주님이 사랑하고 있는 조선인 한 영혼 한 영혼을 만나며 최선을 다해 사랑하며 섬기고 있다.

'당신은 혼자가 아니에요. 주님의 사랑으로 당신을 사랑합니다.'

섬김으로 그들을 울리고 있다. 사랑으로 그들을 행복하게 하고 있다. 복음이 그렇게 흘러가고 있다.

'주님! 이들과 예배하게 하소서.

이들이 예수님이 만나고 싶게 해주세요.

한 사람 한 사람이 예수님 이름으로 모이게 해주세요.'

조이풀교회에서 온 예범이가 우리학교 아이들과 조선인들을

만나고 만든 노래이다. 이 땅에 와서 이들을 만나고 교제하고 받은 마음을 잘 표현한, 내 눈에는 아직 어린 예범이가 대견하다고 생각되었다.

조선인을 향한 하나님의 애잔한 마음이 잘 담겨 있다.

「내 사랑 내 기뻐하는 자
내 모든 계획안에 너 있으니 평안을 네게 주노라.

어둠 가운데 숨기시는 주님 계획안에 나 두려워 않네.
주께 가까이 더욱 가까이 모든 것 아시는 주께 맡기네.

허락하신 모든 상황 가운데 주 찬양합니다.
가장 낮은 마음에서 나의 이름 불러주시네.

멈춤 없는 네 예배 가운데 널 지켜 보고 있단다.
침노하는 네 갈망 가운데 난 함께 하고 있단다.
홀로 우는 네 눈물 가운데 널 지켜보고 있단다.
나를 믿는 네 여정 가운데 너를 축복한단다.」

우리는 이 찬양을 매일 기도로 올리고 있다.

하늘 나라 시민권

"모든 눈물을 그 눈에서 닦아 주시니 다시는 사망이 없고 애통하는 것이나 곡하는 것이나 아픈 것이 다시 있지 아니하리니 처음 것들이 다 지나갔음이러라" – 요한계시록 21장 4절

우리학교를 방문해가면서 아이들을 만나고 부모님들을 만나며 우리 부부는 이렇게 10년 가까이 살아가고 있다. 그들과 살다 보니 그들은 처음부터 하나님의 사랑이었고 그분의 계획하심에 숨어져 있고 아무도 모르는 나라인 것을 알게 하셨다.

우리에겐 이렇게 엄청난 만남이 아직은 많은 사람들에게는 별로 신경도 쓰여지지 않는 만남으로 보여질 때 우리 부부는 마음이 답답하고 초조해지곤 한다.

처음에 조선을 알게 되었을 땐 이렇게 생각했다.

'우리 부부에게 이런 엄청난 일을 알게 하시다니요.'

감사하면서 두려웠다.

세상 누구도 아직 알지 못하는 하나님이 남겨둔 우주의 마지막 계획을 알게 된 것은 기쁨이면서 거룩한 부담감이 되었다. 금방이라도 하나님이 어떤 큰 일을 행하실 것 같아서 가슴이 두근두근했다. 하지만 주님은 우리 부부의 마음과는 다르게 아주 조금씩 조금씩 천천히 일하신다.

2019년 초에 한국 텔레비전 방송사에서 우리학교를 드러내

셨다. 그 당시 우리는 한국에 잠시 나가 있었다.

많은 만남과 전화가 있었다. 많은 일이 일어날 것 같아 빨리 일본으로 돌아왔다.

일본 고베 센터에 돌아와 감사 기도를 드리는데 주님은 말씀하신다.

"바쁘지 마라! 서두르지 마라!"

그렇게 우리는 오늘도 '인내'를 배우는 중이다. 신앙은 인내가 없으면 그 무엇도 기대할 수 없음을 알아가고 있다. 오늘도 우리는 빨리 가고 싶은 마음을 누르고 주님이 행하실 것을 인내하며 살아가고 있다.

"너희에게 인내가 필요함은 너희가 하나님의 뜻을 행한 후에 약속하신 것을 받기 위함이라"- 히브리서 10장 36절

조선을 알게 하신 주님께 우리 부부는 오늘도 주님이 사랑하는 그 조선을 기억하시라고 기도한다.

"예루살렘이여 내가 너의 성벽 위에 파수꾼을 세우고 그들로 하여금 주야로 계속 잠잠하지 않게 하였느니라 너희 여호와로 기억하시게 하는 자들아 너희는 쉬지 말며 또 여호와께서 예루살렘을 세워 세상에서 찬송을 받게 하시기까지 그로 쉬지 못하시게 하라"- 이사야 62장 6-7절

"그러므로 너희는 이렇게 기도하라 하늘에 계신 우리 아버지여 이름이 거룩히 여김을 받으시오며"- 마태복음 6장 9절

조선을 알게 하신 주님은 하늘에 있던 조선의 계획을 이 땅에 이루시기 위하여 계속 조선을 주님께 올려드리는 한 사람 한 사람을 오늘도 찾고 계신다.

이 땅에는 없는 조선! 하지만 여권에 아직도 '조선'이라고 쓰여진 여권을 가지고 살아가고 있는 사람들, 나는 그들에게 이렇게 말한다.

'우리의 시민권은 하늘에 있는지라 거기로부터 구원하는 자 곧 주 예수 그리스도를 기다리노니' – 빌립보서 3장 20절

나는 선교지에서 가장 아름답다

"이 말이 미쁘도다 원하건대 너는 이 여러 것에 대하여 굳세게 말하라 이는 하나님을 믿는 자들로 하여금 조심하여 선한 일을 힘쓰게 하려 함이라 이것은 아름다우며 사람들에게 유익하니라" – 디도서 3장 8절

[복음 들고 산을 넘는 자들의 발길 아름답고도 아름답도다.]

매년 캐나다에 사는 30대 교포 부부들이 우리학교 아이들을 만나기 위해 온다. 그 곳에서 태어나고, 어릴 때 부모님을 따라 이주한 친구들이 가정을 이루고 살고 있다.

그들의 결혼 문화가 우리 조선인들의 결혼과 조금 닮았다. 며칠 동안을 같이 자고 먹고 지낸다. 캐나다 공항에서 일을 하

기 때문에 선교지를 갈 수 있는 기회가 많이 있다고 한다. 선교지에 가서 사모님들하고 이야기를 하다 보면 아프고 힘들어서 많이 울고 있다고 한다.

"선교사님 부부가 행복하니까 저희가 너무 좋아요."

나는 대학에서 식품영양학을 전공했다.

사람들의 행복의 기초가 되는 건강을 유지하기 위해서는 먹는 것과 그 속에 있는 영양이 중요하다. 나는 밥을 하고 먹고 먹이느라 바쁠 때가 많이 있다. 즐겁고 행복하게 같이 먹는 음식이 맛있고 소화도 잘되고 건강하다.

"이런 시골 음식은 어디서 배우셨어요? 맛있어요. 레시피를 알려주세요."

특별한 레시피가 없고 어릴 때 엄마와 동생과 셋이서 먹었던 행복한 기억이 레시피이다.

요즘 시대는 먹을 것이 너무 많다.

이 땅에 살면서 난 그때 먹었던 행복한 음식들을 만들고 있다. 내가 먹고 행복했던 음식들을 이 땅에 살고 있는 사람들, 그들을 만나러 오는 사람들과 같이 소박하게 먹고 살고 있다.

가끔 한국에 나가면 "어떻게 선교하세요?"라고 묻는다.

"일본 땅에서 사랑하는 사람들과 밥 먹고 살아요."

'된장을 끓여 같이 밥 먹어야지.'

주님이 내게 주신 마음이다. 주님이 나에게 주신 것 가지고 주님이 사랑하는 사람들과 나누는 것이 행복하다.

처음 토요타에서 만난 상자 씨도 먼저 "언~니 밥 먹어요"라고 해 친구가 되었고 만나면 항상 밥을 먹었다.

"상자 씨를 만나면 뭘 하냐?"라고 누군가 물은 적이 있다.

조선인을 알리는 일을 하다 보면 교제 자체를 안 하려는 분들을 가끔 만난다.

조선인을 만난다고 하면 그들의 피부색이 빨갛고 뿔이라도 달린 줄 알고 있는 듯하다. 어떤 사람은 내게도 뿔이 있는 줄로 아는 것 같다.

조선인을 만나서 어떤 특별한 것을 하는 줄 안다. 그냥 친구들 만나면 하는 것하고 같다. 맛있는 것 먹고, 차 마시고, 가족 이야기도 하고, 속상한 이야기도 하면서 수다를 떤다.

나는 우리학교로 밥을 하기 위해 간다. 학교 주방 한쪽에 앉아 아침에 아이들 보내고 바쁘게 나오느라 커피도 못 마신 엄마들과 마시는 커피 타임이 너무 좋다. 아이들, 선생님들 급식이 끝나고 늦은 점심을 먹으며 엄마들과 떠드는 수다가 좋다. 선교지의 사모님들이 혼자 밥을 먹어서 슬픈 것 아닐까?

나의 학창시절은 도시락 세대이다. 나는 도시락을 못 가지고 학교에 가는 날이 많았다. 매일 아침에 밥을 해서 도시락을 싸는 일도 쉽지는 않았지만 점심시간에 친구들 앞에 내놓아야 할 내 도시락 반찬이 친구들에게 미안하다고 생각했다. 맛있는 반찬을 나누어 주는 친구들에게 내 반찬은 내놓기가 창피했다.

집에 와서 혼자 먹는 밥은 외로웠다.

우리 부부는 같이 걷는 것을 좋아한다. 시간이 허락되면 배낭 하나씩 메고 주님이 주신 자연 속으로 간다. 걷다가 잠시 앉아서 마시는 커피 한 모금이 더 행복하게 한다.

남편이 이스라엘을 가느라 두 달간을 헤어져 있었다. 둘이 함께 산다는 것이 얼마나 큰 위로이고 편안함인지 새삼 알았다.

마음 잘 통하는 편한 친구가 된 남편이 있어 참 좋다.

나는 중학교, 고등학교 수학여행을 못 갔다. 엄마는 지금도 그것을 미안해 한다. 그런데 신혼여행도 못 갔다. 남편은 그것을 미안해 한다.

결혼 당시 음대에 다니고 있던 남편은 신혼여행비로 신학교에 들어가고 싶어했다. 그래서 우리의 신혼여행비는 신학교 등록금이 되었다. 부모님은 지금까지 우리가 신혼여행을 다녀 온 줄 아신다.

그런 나는 일본에서 10년째 여행을 하며 살고 있다.

'그래서 주님이 일본에서 이렇게 길게 여행하게 하나 봐요.' 하고 말한다.

여행은 캐리어와 배낭 하나면 충분하다.

우리 부부에게 배낭 하나씩 메고 캐리어 하나로 언제든지 주님의 부르심에 순종할 수 있는 삶의 간결함을 주심에 감사한다. 이 땅에서 여러 번의 이사를 하게 되면서 주님은 우리의 살림을 간결하게 하셨다.

소유하지 않는 자유함을 알게 하셨다.

이것이 여행이 주는 묘미 아닐까?

우리 부부의 여행은 이제 시작이다.

최근 고베 센터에 중국에서 25년 동안 선교하시다가 오셔서 집을 얻을 동안 교제를 하고 가신 선교사님 부부가 있었다.

중국에 있는 선교사님들이 모두 퇴출 되셔서 일본으로 와서 중국인을 위한 선교를 하시려고 준비 중이셨다.

그 나이 되도록 고생하셨는데 이제는 그냥 쉬시면 좋으시련만 다시 새롭게 낯선 땅에서 시작하시려는 선교사님 부부가 귀하다고 생각되었다.

25년을 사셨으니 쌓아 놓으신 것이 많으셨을 텐데 모두 놓고 일본 땅에 와 계셨다.

예배를 드리면서 유튜브에서 중국어로 된 찬양을 찾아 같이 불렀다. 중국 땅에 있는 보고 싶은 얼굴들이 생각이 나셨는지 눈시울이 붉어지셨다.

10년을 살고 있는 우리 부부보다 15년을 더 그들과 사셨으니 '얼마나 그들이 보고 싶을까? 그 땅에 가고 싶을까?'하는 생각이 들었다. 우리에게 주님이 보내셨으니 나에게 있는 것으로 위로해 드리고 싶었다.

달콤한 겨울 배추에 된장을 넣은 구수한 배추 된장국을 끓여 같이 먹었다.

아무런 편견 없이 따뜻한 밥 한 끼 나누는 것이 나의 선교이다.

어느 책에서인가 이런 글귀를 읽은 적이 있다.

'하나님의 생각은 지구적이지만 그분의 행동은 지역적이다.'

일본 땅에서 조선인을 위해 기도하는 자로, 일본 땅에서 중국인을 위해 기도하는 자로, 일본 땅의 영혼들을 위해 기도하는 자로 각각 부르신 주님의 은혜가 감사하다.

동일하게 부어지는 은혜로 광야에 외치는 자의 소리는 결국은 주님 오실 길을 예비하는 것이다.

우리 부부에게는 남들이 부러워하는 좋은 습관이 있다. 말씀을 묵상하고 서로에게 주님이 주신 마음을 감격하며 오늘도 나누고 있다. 시간을 정하고 하는 것은 아니다. 길을 걷다가도 나누고 밥을 먹다가도 나누고 지금 나에게 일하시는 주님을 나누는 시간이 참 행복하다.

남편에게 일하신 주님의 말씀이 꿀송이 보다도 달다. 내 속에 일하시는 주님의 말씀으로 남편은 힘을 얻는다. 주님 발치에 앉아 이 습관처럼 해오는 일로 주님이 일하시고 있다. 아침마다 새로운 복음은 우리 부부를 부요하게 한다.

'주와 함께라면 가난해도 좋아.

참된 부요함이 내 맘에 가득하니까,

주님으로 부요한 건 참 행복함이다.

'복음이면 충분합니다.'

2009년 선교를 가기 위해 기도하고 있을 즈음, 중국에서 오신 선교사님께서 "왜 그렇게 선교를 나가려고 하나?"라고 물었다. "굳이 나갈 거면 누가 없어도 주님과의 경건의 교제가 가능하면 나가라"고 했다.

그 말씀을 왜 해주셨는지 일본 땅에 살면서 알게 되었다.

"예수 그리스도의 종 바울은 사도로 부르심을 받아 하나님의 복음을 위하여 택정함을 입었으니" – 로마서 1장 1절

주님 발치에 앉아 주님으로만 만족하고 싶다고 했다. 주님이 주시는 마음 따라 걷고 있다. 걷다 보니 주님이 사랑하는 사람들을 만나고, 그들과 밥을 먹으며 가족이 되어 가고 있다.

가족이 된 그들에게 돈 많은 아빠가 되어 좋은 옷, 맛있는 음식을 사주고 싶은데 주님은 내가 가진 작은 것 가지고 충분하다고 하신다. 우리 부부의 연약함으로 하나님의 마음을 알게 하셨다.

원형의 조선을 향한 하나님의 마음…. 그리고 장자 이스라엘을 향한 하나님의 마음을 보여 주셨다.

택정하심의 비밀을 깨달은 바울은 어떤 삶을 살았는지 보라!

"나는 선한 싸움을 싸우고 나의 달려갈 길을 마치고 믿음을 지켰으니"

– 디모데후서 4장 7절

"내가 달려갈 길과 주 예수께 받은 사명 곧 하나님의 은혜의 복음을 증언하는 일을 마치려 함에는 나의 생명조차 조금도 귀한 것으로 여기지 아니하노라" – 사도행전 20장 24절

주님께 받은 사명 때문에 선한 싸움을 다 싸우고 끝까지 믿음을 지켰다고 하는 바울이 멋있다.

하나님은 우리 부부에게 조선인을 만나게 하셨고 그들의 구원은 하나님의 계획 아래 있음을 알게 하셨다.

우리 부부에게 알게 하신 하나님의 마음을 알리는 것이 하나님의 은혜의 복음을 증언하는 일이라고 믿는다.

주님이 사랑하는 조선을 나도 사랑하며 사는 것이 나의 사명이다.

조선을 사랑하는 구별된 삶을 주시고 하나님의 영광 이스라엘로 달려가는 자로 살게 하신 하나님께 감사드린다.

'주님! 바울의 고백이 저의 고백이 되게 하소서!'

이 책을 읽고 받은바 은혜나
깨달음이나 기도 제목 또는 감사할 일을 적어 보십시오.

망망한 바다 한가운데서 배 한 척이 침몰하게 되었습니다.
모두들 구명보트에 옮겨 탔지만 한 사람이 보이지 않았습니다.
절박한 표정으로 안절부절 못하던 성난 무리 앞에 급히 달려 나온 그 선원이
꼭 쥐고 있던 손바닥을 펴 보이며 말했습니다.
"모두들 나침반을 잊고 나왔기에…"
분명, 나침반이 없었다면 그들은 끝없이 바다 위를 표류할 수 밖에 없을 것입니다.

우리는 삶의 바다를 항해하는 모든 이들을 위하여
그 나침반의 역할을 하고 싶습니다.
우리를 구원하신 위대한 주 예수 그리스도를 널리 전하고 싶습니다.

"하나님은 모든 사람이 구원을 받으며
진리를 아는 데에 이르기를 원하시느니라"
(디모데전서 2장 4절)

주님이 사랑하는 것을
사랑하고 싶었다

지은이 | 고정희 선교사
발행인 | 김용호
발행처 | 나침반출판사

제1판 발행 | 2020년 6월 1일

등   록 | 1980년 3월 18일 / 제 2-32호
본   사 | 07547 서울특별시 강서구 양천로 583
           블루나인 비즈니스센터 B동 1607호
전   화 | 본사 (02) 2279-6321 / 영업부 (031) 932-3205
팩   스 | 본사 (02) 2275-6003 / 영업부 (031) 932-3207
홈   피 | www.nabook.net
이   멜 | nabook365@hanmail.net
일러스트 제공 | 게티이미지뱅크

ISBN   978-89-318-1597-9
책번호 가-9079

값은 뒷표지에 있습니다.